本书为2016年7月东莞市教育局教育科研领导小组办
公众平台翻转课堂教学模式的行动研究"（项目编号：2016GH244）研究成果

幼儿园文学活动设计导引

李燕萍　编著

北京工业大学出版社

图书在版编目（CIP）数据

幼儿园文学活动设计导引 / 李燕萍编著 . — 北京：北京工业大学出版社，2021.5
　ISBN 978-7-5639-7999-8

Ⅰ . ①幼… Ⅱ . ①李… Ⅲ . ①语言教学－教学设计－学前教育 Ⅳ . ① G613.2

中国版本图书馆 CIP 数据核字（2021）第 113090 号

幼儿园文学活动设计导引
YOUERYUAN WENXUE HUODONG SHEJI DAOYIN

编　　　著：	李燕萍
责任编辑：	吴秋明
封面设计：	知更壹点
出版发行：	北京工业大学出版社
	（北京市朝阳区平乐园 100 号　邮编：100124）
	010-67391722（传真）　　bgdcbs@sina.com
经销单位：	全国各地新华书店
承印单位：	唐山市铭诚印刷有限公司
开　　　本：	710 毫米 ×1000 毫米　1/16
印　　　张：	12.75
字　　　数：	255 千字
版　　　次：	2023 年 4 月第 1 版
印　　　次：	2023 年 4 月第 1 次印刷
标准书号：	ISBN 978-7-5639-7999-8
定　　　价：	58.00 元

版权所有　　翻印必究

（如发现印装质量问题，请寄本社发行部调换 010-67391106）

作者简介

李燕萍，女，毕业于华南师范大学学前教育专业，教育硕士，东莞市商业学校幼儿教育讲师、东莞市幼儿教育学科带头人、高级育婴师、正面管教家庭讲师，研究方向为幼儿园课程。

前　言

　　我国《幼儿园教育指导纲要（试行）》指出，幼儿园要"引导幼儿接触优秀的儿童文学作品，使之感受语言的丰富和优美，并通过多种活动帮助幼儿加深对作品的体验和理解"，要"利用图书、绘画和其他多种方式，引发幼儿对书籍、阅读和书写的兴趣，培养前阅读和前书写技能"。《3—6岁儿童学习与发展指南》指出，要"为幼儿提供丰富、适宜的低幼读物，经常和幼儿一起看图书、讲故事，丰富其语言表达能力，培养阅读兴趣和良好的阅读习惯，进一步拓展学习经验"。可见，优秀的儿童文学作品可以使幼儿在感受语言美的基础上发展人际交往能力、理解能力及语言表达能力等，培养良好的阅读兴趣和习惯。在幼儿园语言教育活动中，特别是在幼儿园文学教学活动中教师们常遇到一些难题：幼儿文学作品包括哪些类型？不同类型的文学作品，组织形式有哪些不同？如何选择合适的幼儿文学作品？幼儿围绕文学作品学习，应重点学习哪些内容？达到什么目标？可以运用哪些生动有趣的形式与方法支持幼儿的语言学习？如何设计一节幼儿园文学活动？等等。当前有不少关于幼儿文学及设计的书籍，或侧重文学作品的教育价值分析与表现手法，或只提供大量的优秀课例而缺少教学理论部分。本书围绕幼儿文学作品，研讨幼儿园文学活动设计的思路与方案，为幼儿园教师提供教学理论支撑及大量可参考的教学案例，为促进幼儿发展提供支持。

　　笔者从事幼儿园语言教育活动指导课程教学与研究将近十年，本书是笔者在多年的理论研究与教学实践基础上编著完成的，是笔者主持的市级"十三五"规划课题的研究成果，曾获2019年广东省中小学教育创新成果奖二等奖、市优秀教育教学成果奖三等奖。本书根据《3—6岁儿童学习与发展指南》以及《学前儿童语言学习与发展核心经验》精神，重新整合教材《幼师口语》《儿童文学》的知识点，内容设置为：第一章为一位新教师的专业成长创设了一系列问题情境，以问题情境为导向，先后详细讲解幼儿文学作品的类型、幼儿文学作品内容的选择、幼儿文学活动的教育目标与活动准备等，并结合丰富的教学案例进行分析；第二章至第六章，分别讲解儿歌、幼儿诗、幼儿散文、幼儿童话、幼儿生活故事

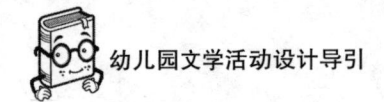

的特点、朗诵/讲述要求、教学意义及年龄段目标等，并提供了大量的小、中、大班文学作品的评析及教学建议；第七章是4篇详细的小、中、大班幼儿园文学教学活动设计方案，既能为在校幼师生学习文学活动设计与组织提供方法指引和范本，同时也能为一线幼儿教师提供教学参考。

  本书从编写到出版的过程中，得到了不少专家学者的指导与帮助，在此特别感谢华南师范大学职业教育学院的左彦鹏博士、何东教授的专业指点，特别感谢东莞市商业学校学前教育专业的黎晓莉老师、刘美琴老师及林梅老师对该书提出的专业建议，特别感谢东莞市塘厦镇第三幼儿园的杨苗园长、东莞市艺鸣文创幼儿园的林小婵园长对该书提出的宝贵意见。在编写本书的过程中，笔者参考、借鉴了许多国内外同行的研究成果，在此一并表示感谢。

  鉴于笔者的研究水平与能力有限，对于书中的不足之处，恳请各位专家和读者提出宝贵意见。

目 录

第一章　幼儿园文学活动的设计与组织 1
第一节　幼儿文学作品的类型 2
第二节　幼儿文学作品内容的选择 5
第三节　幼儿园文学活动的教育目标与活动准备 8
第四节　幼儿园文学活动设计与组织的结构及常用方法 14
第五节　幼儿园文学活动的评价 24

第二章　儿歌的设计与组织 29
第一节　儿歌的特点及朗诵要求 30
第二节　儿歌作品的赏析及教学建议 34

第三章　幼儿诗的设计与组织 61
第一节　幼儿诗的特点及朗诵要求 62
第二节　幼儿诗作品的赏析及教学建议 67

第四章　幼儿散文的设计与组织 91
第一节　幼儿散文的特点及朗诵要求 92
第二节　幼儿散文作品的赏析及教学建议 97

第五章　幼儿童话的设计与组织 118
第一节　幼儿童话的特点及讲述要求 119
第二节　幼儿童话的赏析及教学建议 124

第六章　幼儿生活故事的设计与组织 151
第一节　幼儿生活故事的特点及讲述要求 152

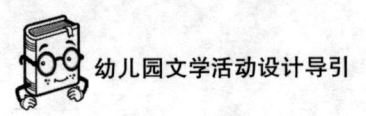

第二节　幼儿生活故事的赏析与教学建议……………………………155

第七章　精彩案例……………………………………………………170

参考文献…………………………………………………………………196

第一章 幼儿园文学活动的设计与组织

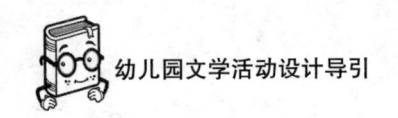

第一节　幼儿文学作品的类型

【问题情境】刘佳是一位刚刚毕业的幼儿师范生，在幼儿园工作不久，因性格开朗热情，和同事们相处融洽，大家都亲昵地叫她"佳佳"。新学期开学，园长要求每位新入职的教师必须上一节园内公开课，旨在考查新教师的教学设计和组织的能力。佳佳在小二班担任配班老师，负责语言、美术、社会领域的教学。她计划上一节语言领域的文学活动，可是选择什么类型的文学作品比较适合小班幼儿呢？佳佳遇到了第一个难题。

在开展幼儿园文学活动之前，首先应厘清什么是幼儿文学，幼儿文学作品包括哪几种类型。

不同年龄儿童在生理、心理特征上有着较大的区别，对文学作品的阅读与欣赏也会随着年龄的增长有所变化，因此有幼儿文学、童年文学和少年文学之分，同时也衍生了适合不同年龄层次儿童阅读的文学作品。

幼儿文学是儿童文学的一部分，相对于童年文学、少年文学，其具有独特性。幼儿文学是指为0～6岁的学龄前儿童服务的文学，主要接受对象是3～6岁的幼儿，是为适应这一阶段的儿童的接受特点而创作或改编的文学。编者在把握幼儿的心理特征和语言发展规律的基础上，从中外神话故事、民间故事、寓言中汲取适合学龄前儿童听的故事，并不断地充实作品内容与丰富作品细节。新中国成立以来，国内涌现了一批幼儿文学创作者，如张继楼、圣野、金波、高洪波、张秋生等，极大地推动了幼儿文学的创作与发展。

文学作品是一个笼统的概念，它包含诸多不同种类、不同特征的文学样式，因而在设计、组织幼儿园文学活动时，需要充分考虑每一类、每一个具体的文学作品对幼儿学习的不同要求。一般而言，幼儿园常用的文学作品主要包括以下几类。

一、儿歌

儿歌是采用韵语形式、适合低幼儿童听赏与吟唱的简短的歌谣体诗歌，又称为"童谣",它是人一生中最早接触、最易接受的一种文学形式,也是幼儿文学中最重要、最成熟的一种文体。

传统的儿歌最初是在民间口头流传的歌谣,后经人们收集整理,才有了传统儿歌的文字记载,现代意义上的儿歌,包括了民间流传的童谣和作家创作的儿歌两部分。儿歌在流传中,形成了许多固有的形式,主要有摇篮歌、问答歌、连锁歌、颠倒歌、数数歌、绕口令、谜语歌、字头歌等。

二、幼儿诗

幼儿诗是为幼儿创作的,符合幼儿的心理特点和审美情趣,适合幼儿的理解水平,以抒发他们的情感为主要内容,便于他们吟诵和欣赏的诗。与儿歌相比,幼儿诗的语言更加凝练、雅致,更注重情感的抒发、思想内涵的锤炼、意境的营造和表达的含蓄,相比而言,儿歌偏向于幼儿园小、中班幼儿,幼儿诗则更适合幼儿园大、中班幼儿。幼儿诗主要包括幼儿抒情诗、幼儿叙事诗、幼儿散文诗、幼儿科学诗、幼儿题画诗等。

三、幼儿散文

幼儿散文是传达幼儿生活情趣及心灵感受,适合幼儿审美需求和欣赏水平的散文。幼儿散文篇幅短小,构思巧妙,用凝练、生动、优美的文学语言形成一种诗的意境以感染幼儿,以温馨、真诚的情感打动幼儿。

幼儿散文的语言既生活化、口语化,又有不少生动形象、规范优美的书面语言。幼儿欣赏学习散文,不仅可以学习口语,而且能初步感受书面语言的丰富多彩和神奇魅力。幼儿散文包括叙事散文、抒情散文、写景散文、游记散文、童话散文、知识散文等类型。

四、幼儿童话

童话是以儿童为对象、贴近儿童心理、带有浓厚幻想色彩的虚构故事,其通过夸张、象征、拟人的语言表现方式去塑造形象,表现生活,借助幻想创造出并不存在于现实生活却又与生活有密切联系的生活场景。

童话是儿童文学中最重要的体裁之一,最能体现儿童文学的审美特征,是儿童乐于接受的文学样式。优秀的童话往往集思想美、形象美、意境美、语言美于一体,给儿童以美的享受,使他们从小受到文学的熏陶。童话中的想象和幻想是自由浪漫的,合乎儿童的天性,对于促进个性发展有着重要的意义,对于诱导、激发和提升儿童的想象力、幻想力也有着不可忽视的作用。

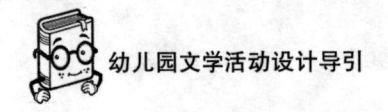

五、幼儿生活故事

幼儿生活故事是以幼儿为主要人物形象，以他们的日常生活和活动为题材，直接反映幼儿生活的故事。它在幼儿故事中出现较晚，但数量最多、发展最快、影响也较大。

幼儿生活故事是对幼儿生活的艺术再现，反映的内容为幼儿所熟悉，因此对于幼儿有一种特殊的亲切感，使故事具有一种天然的亲和力。同时，让幼儿听生活故事，对他们进行某种教育和引导，可以促使幼儿关注自己，正确认识自己，更好地适应社会。

第二节　幼儿文学作品内容的选择

【问题情境】佳佳通过查阅资料，了解了幼儿文学作品常见的类型，她认为小班幼儿比较适合学习儿歌。儿歌朗朗上口，具有和谐的音韵、明朗的节奏，通俗易懂，篇幅短小，而且趣味性强。对于一个新教师而言，能在课堂上激发幼儿的学习兴趣和积极性是非常重要的。佳佳在收集儿歌作品的过程中，遇到了第二个难题，即在众多的儿歌作品中该选择哪一篇作品，在选择具体作品的过程中应考虑哪些因素？

优秀的幼儿文学作品浩如烟海，教师无须进行再构思再创作，只需根据班级幼儿的特点和实际教学的需要进行有针对性的筛选。在幼儿园所选用的教材中包含了大量的幼儿文学作品，类型多样，题材丰富，教师可以直接采用开展教学。同时，教师也可以适当补充教材外的文学作品。一般而言，教师选择幼儿文学作品内容时，主要综合考虑以下几种因素。

一、作品具有浓厚的文学艺术色彩

我国《幼儿园教育指导纲要（试行）》（以下简称"《纲要》"）指出，幼儿园要"引导幼儿接触优秀的儿童文学作品，使之感受语言的丰富和优美，并通过多种活动帮助幼儿加深对作品的体验和理解"，要"利用图书、绘画和其他多种方式，引发幼儿对书籍、阅读和书写的兴趣，培养前阅读和前书写技能。"那么什么样的作品才是优秀的，且被幼儿所喜欢的呢？这就涉及对幼儿文学作品选择标准的思考。王昆建认为，要实现《纲要》目标，用文学作品来满足幼儿发展的要求，在选择幼儿文学作品时显然必须重视文学作品的情感、趣味、快乐与美的元素，即所选取的文学作品既要能传达《纲要》中的相关内容，又要能激发幼儿美好的感情和想象力，让幼儿体验到阅读的兴趣，并在潜移默化中内化文学作品所蕴含的认知信息和教育价值。

同时，教师还需要给幼儿提供不同类型、不同题材的文学作品。在当今的幼儿园教育活动中，教师往往更关注文学作品中的儿歌和故事，对幼儿诗和幼

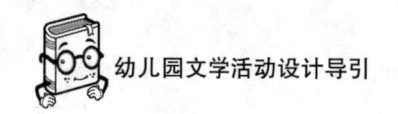

儿散文涉及过少，而幼儿诗和幼儿散文在用语言营造意境、传情达意等方面有着更精炼、更优美的特点，对幼儿获得优质的成熟的文学语言有极大的帮助。另外，题材多样的文学作品能引起幼儿多方面经验的回忆，促进幼儿在各个领域的发展。

二、作品符合班级幼儿的年龄特点及语言能力水平

幼儿文学的主要接受对象是3~6岁的幼儿，但因不同年龄班（大、中、小班）幼儿的心理特点和语言能力发展水平具有差异性，为他们选择文学作品的难度层次应有所区别。为小班幼儿选择作品，必须在他们的经验范围之内，人物、事件、情节都比较简单，情感变化单纯，词语富有色彩，结构有比较工整的重复和变化特点。为大班幼儿选择作品题材应广泛，想象丰富奇特，人物、情节、情感变化比较复杂。中班幼儿的作品则介乎两者之间。《3—6岁儿童学习与发展指南》（以下简称《指南》）指出，要为幼儿"提供一定数量、符合幼儿年龄特点、富有童趣的图画书"，3~4岁幼儿"喜欢跟读韵律感强的儿歌、童谣""能听懂短小的儿歌或故事"，以此为据，教师可以为小班幼儿选择儿歌、短小的故事，如《小花猫自己吃饭》《佳佳迟到了》等。即使是同一年龄班，因教师教学水平、幼儿家庭教育、幼儿学习方式等方面因素的影响，班级之间幼儿的语言学习能力也存在差异性。在现实的幼儿园教学中，会出现大班幼儿水平的作品在教学优质园中在中班施教的现象。因此，教师在选择文学作品时，必须考虑班级幼儿的年龄特点及语言学习能力水平。

三、作品适应班级预设的主题活动课程

目前，不少幼儿园采用主题活动课程的教材，如《幼儿园主题活动课程》，教师操作起来相对容易把握，教育目标较易落实。幼儿园教材中的预设课程充分突显了课程的目的性、计划性，以保证幼儿园教育的基本方向和质量，为教师实施课程提供指南和支架，需要注意的是，教师需要辨析和筛选教材中所预设的文学活动，即所选取的文学作品既要为主题服务，同时也要考虑幼儿的审美主体性，不宜片面重视对幼儿认知的培养，而缺乏对幼儿天性的关注与尊重。例如童话故事《谁的功劳大》《假如没有火》、儿歌《不玩火》《交通安全歌》，这类缺乏文学特质、以知识灌输为主要目的的作品不仅不能带给幼儿以快乐的文学体验，而且有可能会降低幼儿主动接触文学作品的兴趣，阻碍儿童对优秀文学作品的理解与接受。

四、作品契合班级幼儿的生活经验、学习需要及兴趣

生命哲学认为每个个体都与他人有不同的经验与体验,具有独特性、鲜活性、动态性。幼儿文学作品学习就是作品与幼儿之间"视域融合"的过程——幼儿以原有经验为基础的具有"建设性"的融合并"生发"出新意义,因此,教学活动的主题应贴近幼儿经验,并具有一定的新奇性。教师在选择文学作品时,不应只考虑活动主题的需要,更应侧重本班幼儿已有的生活经验、学习需要及兴趣,这要求教师在一日活动中须对幼儿的各种需要、兴趣、问题、疑惑等进行仔细观察和积极的回应。此外,教师须增强时代意识,不断充实符合时代气息的文学作品,以提高幼儿学习文学作品的兴趣。瑞吉欧的"项目获得"课程理念也指出:课程主题是非预设性的,应来自儿童真实的生活经验、兴趣和问题,教师以一个决策者的身份做出资源取舍,而不是垄断整个教学过程。如幼儿在集体春游归来后,教师依据幼儿在春游活动中的所感、所见、所闻,选择幼儿诗《春天》与幼儿共同学习,可以使得幼儿对春天的感知更为深入。

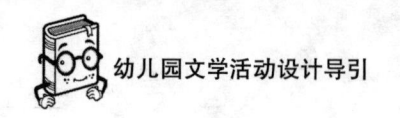

第三节　幼儿园文学活动的教育目标与活动准备

【问题情境】在公开课的选题期间，小二班的课程主题是"我爱幼儿园"，主题课程旨在帮助幼儿较好地适应幼儿园集体生活，培养幼儿的初步生活自理能力，建立稳定的、融洽的师幼关系、同伴关系。佳佳发现，幼儿对"家"的概念开始萌芽，幼儿在"娃娃家"进行角色游戏时，或者与同伴进行日常交谈时，常常听到幼儿说"我来当爸爸，你来当妈妈，你当宝宝，这是我们的家""那是小熊的家""你周末来我家玩吧，我家里有……"。为了迎合课程主题的需要，同时也让幼儿对"家"有更深层的理解，佳佳决定选用文学作品《家》。确定了文学作品以后，佳佳就开始着手进行教学设计了，幼儿学习该儿歌应该重点学习哪些内容呢？学习该儿歌应达到什么语言教育目标呢？活动重难点以及活动目标的确定是佳佳在教学设计中遇到的又一个难题。

家

蓝蓝的天空是白云的家，
密密的树林是小鸟的家，
绿绿的草地是小羊的家，
清清的河水是小鱼的家，
红红的花儿是蝴蝶的家，
快乐的幼儿园是小朋友的家。

一、幼儿文学作品学习的内容

教师围绕文学作品开展教学之前，首先要解决的问题便是幼儿可以从文学作品中获得什么。《指南》指出，幼儿要"能听懂短小的儿歌或故事""能说出所阅读的幼儿文学作品的主要内容""能随着作品的展开产生喜悦、担忧等相应的情绪反应，体会作品所表达的情绪情感""能初步感受文学语言的美""猜想故事情节的发展，或续编、创编故事"等，可见，幼儿是在倾听文学作品中感受欣赏作品、理解作品，从而创造文学作品的。幼儿通过什么载体欣赏感受、理解以及创造文学作品呢？下面从五个方面简要介绍幼儿学习文学作品的内容及要求。

1. 词汇

词汇是幼儿文学作品的最基本组成部分，包括名词、动词、形容词等，作品中的每个语句都由词汇组成。幼儿文学作品之所以题材多样、特色鲜明，正是由于汉语词汇的巧妙组合，形成了韵律感强、朗朗上口的儿歌，如"小蚱蜢，学跳高，一跳跳上狗尾草。腿一弹，脚一翘：'哪个有我跳得高。'草一摇，摔一跤，头上跌个大青包"；或者抒情、凝练的幼儿散文，如《欢迎，新年》；或者情节简单而又生动有趣的幼儿童话故事；等等。文学词汇对儿童早期文学语言的发展具有非常重要的意义，不仅促进儿童文学词汇的积累，而且可以帮助儿童理解文学作品的画面内容，为儿童的创意表达奠定基础，提高儿童对不同文学体裁的敏感性。

2. 语句

与成人交谈或学习文学作品均是幼儿学习句法结构的途径。相比之下，文学作品向幼儿提供了更为成熟、规范的语言样本。这些样本可以让幼儿感知汉语词序的排列、简单句子的构成、词序变化的效果，乐意模仿作品中生动有趣的语句，并创造性地运用到生活中的场合里去。

3. 修辞手法

文学作品的创作离不开修辞手法，幼儿文学作品亦是如此，其通过利用比喻、夸张、拟人、反复等修辞手法突出形象。文学作品不同修辞方式的感知和运用是幼儿文学作品学习的主要内容之一。

4. 文学形式

幼儿园常用的文学作品主要包括儿歌、幼儿诗、幼儿散文、幼儿童话、幼儿生活故事。教师应为幼儿提供多样化的文学作品，并帮助幼儿感知不同体裁文学语言的风格与特点。

5. 想象

幼儿文学作品中充满着丰富的文学想象，教师在教育教学中要有意识地重点培养幼儿的文学想象能力。文学想象主要指幼儿在学习与欣赏文学作品的过程中，

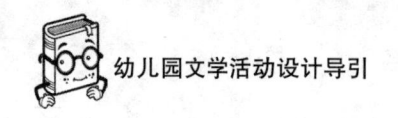

能通过想象感知理解文学作品中的词汇，想象文学作品所传达的情节画面、人物特征和主题意境等内容，初步根据文学作品创造性地想象出新的内容或情节。

二、文学教学活动的语言教育目标

1. 培养对文学作品学习的兴趣，提高审美情趣

《指南》把"喜欢听故事，看图书"作为语言领域的目标，在该目标下，幼儿"喜欢跟读韵律感强的儿歌、童谣""喜欢把听过的故事或看过的图书讲给别人听"。优秀的幼儿文学作品语言优美、规范，内容贴近幼儿生活，主题健康、积极向上，人物形象描写栩栩如生，情节简单生动，符合幼儿思维特点和认知水平，能满足幼儿的审美需要，题材多样，如朗朗上口的儿歌、韵律感强的幼儿诗歌、意境优美的幼儿散文以及充满想象和幻想色彩的童话故事……它们深深地吸引幼儿，深受幼儿喜爱。因此，教师应"引导幼儿接触优秀的儿童文学作品"，为幼儿创设良好的学习环境，与幼儿一起看图书、讲故事，通过欣赏、讲述、表演、绘画等形式帮助幼儿学习文学作品，培养幼儿对文学作品学习的浓厚兴趣。文学作品既能使幼儿产生强烈的兴趣，更有实实在在的美的价值存在，在学习文学作品的过程中，教师应有意识地引导幼儿感受作品的语言美、形象美、心灵美、意境美，提高幼儿的审美情趣。

2. 培养幼儿善于倾听的技能，提高语言理解能力

《指南》提出要"多给幼儿提供倾听和交谈的机会"，在幼儿语言的发展过程中，善于倾听是幼儿运用语言进行交往的重要方面，对于文学作品，幼儿首先是通过"听"来接受的，又通过"听"进行理解与表达，而听赏文学作品又能进一步促进幼儿倾听能力水平的提升。因此，文学作品的学习，是与幼儿的"听"紧密联系的，这一特点决定了教师作为引导者在幼儿学习文学作品中的重要性。

要选择合适的文学作品并采用灵活多样的教学方式培养幼儿有意识倾听的能力，如朗诵诗歌时配上优美的背景音乐，讲述故事时运用恰当的体态语言或者适时提问等，使得幼儿有始有终地听讲；利用开放性问题，组织幼儿参与讨论，培养幼儿评析性倾听的能力；教师中断讲述或讲述后提问，引导幼儿对所听内容进行归纳、推理和评价，发展幼儿假想、预测与反思、评价的技能；教师在进行朗诵或讲述时，表现出赞美的态度，带领幼儿运用自己的想象重新讲述作品，使幼儿获得自然欣赏艺术作品的能力，培养幼儿欣赏性倾听的能力。

只有懂得倾听、乐于倾听和善于倾听的人，才能真正地理解作品的词汇、句

式和思想情感，并运用叙事性的语言进行表达，掌握与人进行语言交流的技巧。

3. 学习多样化语言，拓展词汇量

幼儿文学作品中的语言是经过提炼、加工过的艺术语言，其不仅浅显易懂，而且规范优美，为幼儿提供了成熟的语言样本。幼儿通过对文学作品的学习，可以学习各种语言句式，逐步理解和熟练地运用各种复杂的语言句法结构。学习形象化的语言，文学作品所提供的成熟语言，也是一种形象化语言，这与幼儿的具体形象思维是一致的，这些形象化语言能够更清楚、更准确、更具体形象地表达人对事物、人物、情景的思想和观点，学习形象化语言，能够帮助幼儿更好地理解与表述。学习不同风格、特色的语言，感知不同文化、不同地区、不同个人特点背景下的特色的语言风格，逐渐发展具有交往价值的语言能力。

文学作品是由各种词汇组合起来的语言艺术作品，学习文学作品，幼儿可以学习、理解新词汇，通过各种形式的活动，掌握、运用和积累新词汇，拓展幼儿的词汇量。

4. 促进创造性思维的发展，提高创造性运用语言的能力

幼儿语言发展的过程伴随着想象力与创造力的发展，幼儿从欣赏、理解作品内容到迁移经验、创造性地表述，是一个从模仿学习语言到创造性运用语言的过程。幼儿在学习和掌握诗歌、散文、故事的结构后，能结合生活经验自发地或在教师的启发下进行仿编、改编和故事表演等，这是幼儿创造性思维的语言表现，总而言之，语言的发展对幼儿创造性思维的萌生和发展起到了推动作用。

三、具体活动目标

活动目标一般由教师自己制定，是指某一具体的教育活动要达到的目的，包括幼儿获得的情感体验与态度、学习过程与方法、知识与技能等。在幼儿园文学活动中，教师应根据文学活动的语言教育目标以及幼儿的年龄特点，制定具体可行的活动目标。

下面以儿歌《家》为例。

儿歌《家》第一次教学的活动目标：在欣赏儿歌的基础上，运用动作表达对儿歌的理解和感受；理解词汇"蓝蓝的"等重叠形容词，并尝试在游戏情境中运用；感受家的温馨与美好，萌发关爱小动物的意识。

儿歌《家》第二次教学的活动目标：通过操作游戏，进一步理解儿歌内容，能完整地、有感情地朗诵儿歌；掌握儿歌的句式特点，尝试结合生活经验，展开

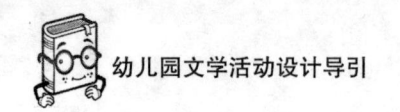

想象仿编儿歌；积极参与仿编活动，体验语言运用所带来的乐趣和成就感。

四、活动的准备

活动准备是指为保证活动顺利进行，在活动开展之前所需要做的精神和物质方面的准备。

1. 精神准备

精神准备是指幼儿参加该活动需要具有的知识经验和体验。要使幼儿在文学作品学习中获得更深入、更愉悦的学习体验，帮助他们较好地理解作品内容中运用的新词汇及象征手法，教师必须重视幼儿在活动前相关知识经验与体验的获得，在日常生活和教育活动的各个环节给幼儿提供机会，引导幼儿主动去发现、去探索、去交流，丰富和积累感知经验。总体而言，精神准备主要包括以下几个方面：

①相关的教学活动。开展与作品主题相关的其他领域的教学活动或其他类型的语言活动，如在进行儿歌《家》教学之前，教师先开展谈话活动"小动物的家"，使幼儿了解不同动物居住的地方与环境；又如儿歌《小熊过桥》，幼儿在学习作品前在体育活动中已体验过走独木桥。

②观察与记录。教师组织幼儿或家长带领孩子在生活中进行有目的、有计划的观察与记录，以收集资料和积累相关知识。

如大班童话故事《月亮姑娘做衣裳》，幼儿虽然有观赏月亮的生活经验，由于幼儿观察能力和观察习惯的限制，对月亮的形状变化则不一定了解。在文学活动开展之前，教师通过家园合作，要求家长带领幼儿对月亮每天的变化进行观察，用绘画的方式进行记录，在幼儿有了月亮每天会发生变化的知识经验后，再开展童话故事欣赏活动，幼儿便能理解故事发展的线索了，同时也大大地激发幼儿学习的积极性，培养幼儿的观察习惯。

③活动体验。活动前利用游戏、亲子活动、户外活动等形式多样的活动，使幼儿在活动中获得与文学作品密切相关的直接经验。

如在欣赏散文《吹泡泡》之前，师生一起玩了吹泡泡的游戏，幼儿边吹泡泡边观察泡泡的变化。有的幼儿说"泡泡吹起来变得五颜六色的了"；还有的说"泡泡有大有小，飞的有高有低"；也有的说"泡泡一破就变成水落在脸上了"。玩了吹泡泡的游戏后再让幼儿欣赏散文《吹泡泡》，他们就容易理解文章中抽象的东西了。

再如幼儿散文《春雨的色彩》，在万物复苏、草长莺飞的春天，教师策划一次亲子春游活动，创造机会让幼儿有机会与同伴、家人一起在美好的春色中，感受春天、观察春天、绘画春天，从视、听、触等多重感官认识春天，有了对春天的感知，幼儿在文学活动中便有话可说，有素材可编，幼儿的创造性想象也有了"翅膀"。

2. 物质准备

物质准备包括教具、学具的准备与环境的准备。教具、学具的准备指的是教具、学具的选用或制作，包括多媒体课件、图片、卡片、实物、布偶、音乐、器材、操作材料等。环境的准备主要是活动场地的选择与布置，教师根据文学作品的主题内容，有目的地布置活动场地，旨在让幼儿在文学作品学习时有身临其境的体验和感受，激发幼儿主动学习的积极性，同时也有助于幼儿对作品的理解。

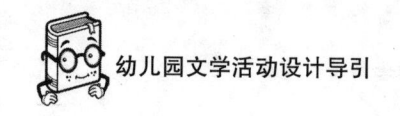

第四节 幼儿园文学活动设计与组织的结构及常用方法

【问题情境】经过前期的观察、学习与准备，佳佳对自己公开课的教学设计有了初步的构想。但是作为一名新教师，佳佳的教学经验非常有限，在明确了活动目标之后，如何巧妙地设计这节文学活动以引发幼儿的主动有效学习、完成该活动目标，是佳佳遇到的第四个难题，也是整个文学活动设计的难点。

幼儿园文学活动是从文学作品入手，围绕作品教学开展活动的。幼儿文学活动组织与设计就是以学习文学作品为中心的系列网络活动，分为四个层次：学习作品—理解作品—迁移作品经验—创造性想象和语言表达。第一个层次"学习作品"是初步欣赏感受文学作品，了解人物、情节等；第二个层次"理解作品"是采用提问、讨论或者绘画、表演等方法引导幼儿对作品的理解与思考；第三个层次"迁移作品经验"是通过观察与讨论、拓展活动等多种操作方式将文学作品的间接经验与幼儿经验有机结合；第四个层次"创造性想象和语言表达"是在上述环节基础上让幼儿进行续编、仿编、创造性想象与讲述等。上述步骤可以一个活动完成，也可以分为几个活动完成，通常一个文学作品要通过2次以上的系列活动，才能体现其审美价值、认识价值、教育价值和娱乐价值。

一、学习作品

幼儿文学属于艺术范畴。文学活动首先是一种审美活动，应满足幼儿的审美情趣和需要。幼儿主要是通过"听"去认知、感受、体验文学作品的，作品能否吸引幼儿，教师的朗诵非常重要，"美文"需要"美语"来传达，才能让听者感受它的美。《3—6岁儿童学习与发展指南》也提到"给幼儿读书时，通过表情、动作和抑扬顿挫的声音传达书中的情绪情感，让幼儿体会作品的感染力和表现力"。幼儿若能在第一层次的学习中很好地感受、理解作品，便能萌发文学作品学习的兴趣，更好地进入后面的学习活动。一般而言，在幼儿欣赏感受作品过程中，教师要掌握以下几点。

①幼儿欣赏感受作品的方式。幼儿对文学作品的感知往往是通过感性的、直

观的形象来实现的，教师在朗诵或讲述作品时，可以配上直观形象的幻灯片、挂图，或借助教具、实物、乐器，或配以适当的音乐，或通过教师的手势、神情等，充分调动幼儿的视觉、听觉，形象直观地"传达"作品，让幼儿感知文学作品的语言、形象、情节和意蕴，获得完整的印象。教师通过自身对作品的理解，对作品进行生动演绎，可将幼儿带入富有感染力的情境中。

②文学作品讲述或朗诵的次数。教师在一次教学活动中不宜多次重复讲述作品，以免幼儿失去学习文学作品的兴趣。在同一个活动中，故事类作品应以讲两遍为宜，且第二次的讲述宜采用不同的讲述方式，如播放作品的动画片或音频，以引发幼儿再次欣赏的兴趣。对于诗歌、散文类作品，教师则可以根据作品的类型朗诵多次，不过不宜超过3遍。

③在完整听赏作品后，教师可以简单设问，引导幼儿自由表达对作品的直观感受，如："听了这首诗歌，你感觉怎么样/你有什么样的感受？"这是幼儿下一步理解作品的基础。

二、理解作品

在幼儿欣赏感受作品的基础上，教师进一步组织与作品内容相关的活动，帮助幼儿深入理解作品内涵。根据作品内容的不同可以设计相关的活动。

1. 初步理解作品

①提问。提问是教师在引导幼儿欣赏学习文学作品时最常用的一种方法，在文学活动中合理运用提问，可以引发幼儿思考，帮助幼儿深入理解作品，并进行创造性想象。提问应分层次，由易到难，并多提经验性、开放性、情感性问题，以启发、拓展幼儿的思维。提问还应在全面把握的基础上，抓住关键点，尤其是幼儿新旧经验冲突碰撞的认知冲突点，以帮助其构建新的经验，拓展认知。

教师的提问一般分为四种：一是回忆式问题，主要涉及作品的人物和情节，旨在帮助幼儿回忆和梳理作品内容，这些问题通常都是时间、地点、人物和结果等类型的问题，一般是根据内容的展开设计一系列问题；二是比较式问题，即要求幼儿比较两种信息的异同或寻找之间的关系，旨在帮助幼儿掌握事物之间的异同，加深幼儿对作品的理解，增强记忆；三是发散性问题，即要求幼儿进行预测、推理和分析的问题，旨在帮助幼儿深入地分析理解作品，一般就文学作品中的人物心理动态、细节、情绪、情感等进行提问剖析；四是评价式问题，即要求幼儿对作品或作品中的人物、词句等进行评价。

如童话故事《猴吃西瓜》。

回忆式问题：是谁找到了大西瓜？猴王有没有吃过西瓜？它后来想了什么妙

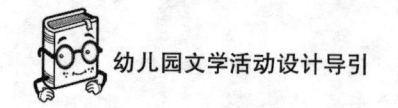

计？比较式问题：你认为哪只猴子最聪明，为什么？猴王／短尾巴猴／老猴和你认识的人中谁比较相似？

发散性问题：猴王明明没有吃过西瓜，它为什么说自己知道西瓜的吃法呢？你认为短尾巴猴说得对吗，为什么？为什么最后大家把目光都投向老猴子身上呢？猴王吃了西瓜皮，它觉得味道怎么样呢？你觉得接下来还会发生什么事？

评价式问题：你喜欢故事里的谁？喜欢它的什么？你最喜欢故事的哪一部分，为什么？

②主题讨论。文学作品均表现一定的主题，如幼儿散文《欢迎，新年》，其主题是对新年的憧憬，教师捕捉散文中万物欢迎新年的方式，提出话题，引发幼儿的回忆与思考：太阳、白云、雨水、炮仗花、微风、溪流、小昆虫和小动物们是怎么欢迎新年的？若教师逐个问题提问，则可能因为问题单一而难以引起幼儿学习的兴趣，而采用主题讨论的方式，既能集中问题，又能为幼儿创设自由、宽松的语言交往环境，让幼儿有机会与教师、同伴进行交流。

③动作和口头语言。在幼儿期的早期（幼儿园小班），幼儿的思维仍然以直觉行动思维为主。所谓直觉行动思维，就是儿童在动作中进行思维。动作符号是幼儿常用的表达符号之一，在幼儿学习文学作品时，借助动作，通过玩玩、做做、说说的方式，不仅可以加深幼儿对文学作品（尤其是词汇）的理解，同时还可以让幼儿表达自己的理解。如在对儿歌节奏的理解中，加入拍手、跺脚、身体的摇摆等动作，幼儿就能较快地掌握儿歌的节奏；在故事、散文、幼儿诗欣赏活动中，要求幼儿用动作表示对词汇的理解、模仿人物的表情与动作，能帮助幼儿较为容易地理解词汇，掌握人物的特征，领会作品的情感。

如幼儿散文《滴答滴答》，幼儿模仿鸡妈妈、喇叭花和大树妈妈，用动作做出它们撑开雨伞的样子，理解词汇"撑起""羽毛伞""喇叭花伞""绿叶伞"，并结合自身生活经验和理解为角色设计对话或者独白，以增进对散文内容的理解和情感的表达。

再如诗歌《爷爷和小树》，作品中的小树和爷爷用行动为对方提供帮助，表达情意，没有对话交流，教师可以引导幼儿展开想象，为角色设计对话，如情境一，小树穿上衣裳后会对爷爷说什么？情境二，爷爷在树下乘凉，他会对小树说什么？小树会怎么回应呢？幼儿在构想角色对话的过程中，感受和理解小树与爷爷之间的真情实意。最后，幼儿扮演小树和爷爷，模仿他们的动作，同时加入刚才自己设计的角色对话，进行角色表演。通过角色扮演，进一步理解诗歌，同时也设身处地地感受人物角色的情绪情感。

2. 深入理解作品

①操作游戏。美国教育家杜威提出"做中学"的知识教育论。"做中学"的教学原则即学生在教师的启发引导下，基于自身的本能兴趣，通过参与特定的学习活动，以小组分工协作的形式完成活动任务。由此，学生的经验便会在其间得以生发累积，进而实现对教材知识的理解内化。操作与游戏均体现了"做中学"这一教育理念，强调以"做"为基础，以幼儿为学习主体，重视幼儿直接经验的获得。一些文学作品自身就是游戏或伴随游戏而生的，如拍手歌、手指操、数数歌等。对于幼儿来说，文学就是游戏的一部分，文学作品为游戏提供素材，并能激发兴趣，游戏也为幼儿理解作品提供背景与平台。在文学活动中，教师可以根据作品的具体内容，为幼儿设计操作活动或游戏活动，幼儿对作品的感知理解在情境中得以实现。

如幼儿散文《捉迷藏》，篇幅短小，意境优美，用游戏化的语言、轻松明快的笔调描述了黑夜与白天，其本身就是游戏化的作品。在开展文学活动前，教师组织幼儿玩捉迷藏的游戏，了解游戏的玩法和规则，积累知识经验，在欣赏散文的同时，教师也可以带领幼儿边学边玩，如让幼儿用不同的方式学着数"一、二、三"，想象和模仿颜色宝宝躲起来的动作，增添语言学习的趣味性和游戏性，最后教师设计的捉迷藏游戏，则又让幼儿在游戏的情境中，继续感受散文的优美意境。

再如幼儿诗《好朋友》，作品以好朋友的关系揭示了事物间的内在逻辑关系，在导入环节，教师可将生活物品摆放在桌子上，要求幼儿根据生活经验将物品进行配对并说明理由。在理解体验环节，教师可以出示图片的连线图（如牙刷与牙膏、饭碗和勺子、镜子与梳子等），将幼儿分成若干小组，一个小组1份连线图（每个小组的连线图可以不同），幼儿在共同商议后将"好朋友"用线连起来，最后每个小组轮流进行分享，说明物品之间的关系，既锻炼幼儿的观察分析能力，又能进一步理解诗歌。

②朗诵与复述。对于优秀的作品，幼儿会要求成人多次讲述或自己情不自禁地朗诵、复述，这不是因为幼儿喜欢机械重复，而是因为每次的听赏、朗诵都有新的感觉、新的发现、新的享受，又有新的形象被整合到作品形象中去，他们自身也被作品同化，在情感、行为上趋向于作品中的真善美的形象，并能在反复的朗诵和讲述中提高对语言结构的敏感性，积累艺术化语言，为创造性表述奠定基础。所以，幼儿朗诵或复述文学作品也是进一步感受文学作品的重要方式，朗诵是相对诗歌、散文而言的，复述就是再次讲述故事类作品。在教学中，教师切忌

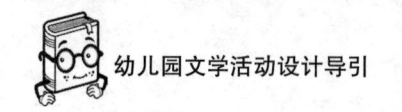

背书式机械单一地重复，应采用多元有趣的方式进行教学。

对于朗诵，教师可以结合游戏，采用多元有趣的朗诵方式，增加诵读的游戏性、趣味性，以吸引幼儿，培养其对文学作品积极的态度，如表演朗诵、分组朗诵、分角色朗诵、接龙朗诵、填词朗诵、游戏式朗诵、配乐朗诵、乐器配合朗诵等。

对于复述故事，教师可以依次呈现能够反映故事内容主线的图片，给幼儿提供暗示，减轻幼儿的记忆负担，同时也能帮助幼儿进一步掌握故事的发展脉络和主体结构。不同年龄班幼儿的复述要求有难度上的差异，中班幼儿要求能复述出故事的主要情节，初步意识到故事发生的线索和前因后果，大班幼儿则要求能较为完整地复述故事的主要内容和主要情节。

③表演。在表演中，幼儿能身临其境地想象和表现文学作品的人物和情节，从而丰富情感体验，产生审美情感共鸣。另外，用动作、语言和表情等方式体验理解作品，也符合幼儿思维具体形象的特点。

适合表演的文学作品一般具有以下几种特征：一是具有人物角色对话，二是故事角色个性鲜明，三是有一定的情节。

需要注意的是，教师组织幼儿进行表演之前，需通过提问与讨论的方式，帮助幼儿理解作品内容，分析作品人物形象的特征，熟悉角色的语言、语调、音色，掌握角色的动作、神情和情感，以便幼儿在表演时能与角色产生感情共鸣，教师应允许和鼓励幼儿在理解角色特征的基础上，进行创造性的表演。为了使幼儿更好地进入角色，教师可以提供简单的道具和头饰。在组织表演时，教师应鼓励幼儿自己选择角色、自己商量分配角色，让全班幼儿都有参与表演的机会，对胆怯、害羞的幼儿多加鼓舞与支持，每次表演后，组织幼儿讨论与评价，鼓励幼儿自己解决问题，提高幼儿表演水平。

④绘画。当幼儿对文学作品的语言、情节、意境等有了一定的掌握时，可以通过绘画的方式让幼儿结合自己的经验展开想象，让幼儿逐步从倾听、理解转化为主动表达的学习状态。文学作品是通过抽象的语言讲述故事或营造意境或表达情感的，教师传达给幼儿的"第一文本"是一样的，幼儿基于自身经验对文本的感受、解读而形成的"第二文本"则是多元的，绘画就是将每个幼儿个性化的"第二文本"以图画的方式呈现出来，幼儿园文学活动过程应是幼儿、教师、文学作品之间丰富、多样的"对话"。

如幼儿散文《秋天的雨》，幼儿在欣赏作品后，创作"秋天"的图画，教师为幼儿提供各种工具、颜料以及收集的树叶，幼儿根据自己的意愿进行自由畅想的表达，教师应尊重他们的想象和创造，切勿强求幼儿按照成人的思路绘画。

⑤音乐律动。儿歌、幼儿诗具有鲜明的音乐性、节奏感，韵律和谐，部分童话故事也有相对应的幼儿歌曲。教师可以利用与作品内容相关的音乐，组织幼儿以边听音乐边做律动的方式深入理解体验作品内容。

如儿歌《蹦蹦跳》，句式工整，句末押韵，节奏感强，教师可以边打击乐器边朗诵，幼儿在打击乐的节奏中，根据儿歌的内容"小青蛙，蹦蹦跳，捉害虫，吃个饱……"，模仿儿歌中动物的样子"蹦蹦跳"，教师鼓励幼儿创造个性化的动作，可以分角色轮流进行，也可以集体进行。

再如《拔萝卜》是一篇脍炙人口的童话故事，深受幼儿喜欢，在幼儿表演故事人物一起"拔萝卜"的环节时，教师与幼儿一起唱幼儿歌曲《拔萝卜》，在音乐中体验故事的游戏性和趣味性，极大地促进幼儿学习作品的积极性，也加深了幼儿对故事内容的记忆和理解。

三、迁移作品经验

在幼儿深入理解作品的基础上，教师可以进一步引导幼儿迁移作品的经验。文学作品向幼儿展示的是建立在幼儿生活经验基础上的间接经验，这种间接经验既使幼儿感到熟悉，又让他们觉得新奇、有趣，但是幼儿的学习是以直接经验为基础的。因此，仅仅让幼儿的学习停留在理解这些间接经验的基础上还是不够的，还不能充分地将这些间接经验与幼儿的直接经验联系起来。教师应设计与作品主题相关的活动，帮助幼儿将作品内容纳入自己的经验范畴，使得他们的直接经验与作品的间接经验实现双向迁移。幼儿获得与作品相关的直接经验，为下一步的创造性想象和语言表述积累了知识经验。在教学活动中，教师可以采用可操作性的或具有游戏性质的活动。

1. 拓展活动

教师组织与作品主题内容相关的活动，包括庆祝活动、亲子活动、参观活动、游戏活动等。

如幼儿散文《微笑》，作品以小动物之间的相互帮助充分体现团结友爱的主题，教师鼓励幼儿在家中或者在幼儿园里，发挥自己的优势，为家人或者老师同伴做一件力所能及的使别人高兴的事情，体验作品中小动物利用自己的长处帮助他人的快乐心情。

再如幼儿童话故事《小熊买糖》，讲述的是一个记性不好的小熊帮妈妈到商店买东西的经历，故事幽默滑稽。教师以购物为主题，布置亲子任务，要求家长和孩子一起到商场购买需要的物品，并与孩子讨论与记录：在购物时如何才能做到不遗漏、不忘记？幼儿将记录下来的方法带到班级，与教师、同伴进行分享。

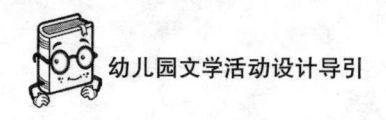

2. 观察与讨论

教师要求幼儿在日常生活中，有意识地观察与作品内容相关的事物，并在观察中或观察后展开讨论。

如在幼儿诗歌《露珠》的活动中，教师带领幼儿到幼儿园的花园里观察早晨的露珠，观察露珠的形状和露珠的去向，教师进行引导：你看见露珠在哪里？太阳升起来了，它会跑到哪里去？通过观察与讨论，幼儿能更好的体会作品中的诗一般的想象。

再如童话故事《小兔子找太阳》，教师请幼儿在日常生活中观察，把与太阳形状、颜色等方面相似的物品带入班级，进行比较认识，教师启发幼儿讨论：这是什么？它与太阳有什么相似的地方？幼儿在摸一摸、看一看、嗅一嗅中认识物体，在讨论中充分表达与故事内容有联系的感受和认识。

四、创造性想象与表达

高尔基曾说："幼儿文学是幻想的文学。"因此，在第四层次的活动，教师需要进一步组织与作品重点内容有关的活动，创设机会让幼儿拓展自己的想象，引导幼儿将理解的经验和生活经验结合起来进行创造性想象与表达。这一层次的活动，教师可以采用仿编、续编、构编等方式进行，也可以让幼儿围绕作品的内容进行想象与表述。

1. 仿编

仿编一般用在诗歌和散文的学习活动中，仿编即幼儿在欣赏诗歌和散文、理解其内容及结构的基础上，仿照某一诗歌或散文的框架，调动个人的经验进行扩展想象，编出自己的诗歌或散文段落。因此，适合仿编的诗歌和散文，在结构上有明显的重复，内容大多较为具体，符合幼儿生活经验和想象特点，仿编往往是在围绕诗歌或散文的教学活动基础上进行的，有助于发展幼儿的想象力及创造性地运用语言的能力。

在组织幼儿进行仿编活动前，教师要确保幼儿熟悉和理解了作品的内容，掌握了作品的形式，并以启发式的口吻，组织幼儿围绕仿编内容进行讨论，充分调动幼儿的生活经验，将作品内容和幼儿生活经验进行连接。教师的示范在启发幼儿想象的同时，可以帮助幼儿将自己的想象导向一定的语言框架结构之中，但如果在讨论之后，幼儿能自主仿编，则教师的示范可以作为分享放在幼儿的仿编之后，以突显幼儿的主体性。

不同年龄班幼儿均能在欣赏理解诗歌和散文的基础上学习仿编，但难度层次应有所不同。

①小班幼儿的仿编活动只要求幼儿在原有结构、画面的基础上，回忆自己的生活经验或发挥想象，替换文学作品句子中的单个要素，如替换人物、动作、名词、修饰词等，通过替换字词来体现诗歌或散文画面的变化。改字换词不影响整个画面，往往只是局部画面的迁移。为了降低仿编的难度，激发幼儿仿编的积极性，教师可以提供图片、道具等提示。如幼儿诗《绿色的世界》，幼儿只要将原文的"绿"字换成其他颜色的字即可，教师提供不同颜色的眼镜，幼儿体验不同颜色眼镜产生的视觉效果。在幼儿进行了操作与体验后，教师引导幼儿用替代词汇的方式仿编诗歌。又如儿歌《早·晚》，幼儿将儿歌中的人和物的称呼进行更换即可，如下：

原文

早上，我醒了。
妈妈，早安。
爸爸，早安。
太阳，早安。
晚上，我要睡了。
爸爸，晚安。
妈妈，晚安。
星星月亮，晚安。

改编

早上，我醒了。
奶奶，早安。
爷爷，早安。
小熊娃娃，早安。
晚上，我要睡了，
奶奶，晚安。
爷爷，晚安。
小熊娃娃，晚安。

②中班幼儿的仿编是在幼儿理解并掌握了内容的结构后，用想象的内容替换原有的词汇，仿编新的句子。教师将幼儿仿编的句子整编成新的作品，可以采用原文的结束句。例如儿歌《伞可以做什么》：

原文

伞可以做什么？遮太阳。
伞可以做什么？避风雨。
伞可以做什么？当拐杖。
伞还可以做什么？
看不见了，遮住你。

仿编

伞可以做什么？做挂钩。
伞可以做什么？做鸟巢。
伞可以做什么？做陀螺。
伞还可以做什么？
看不见了，遮住你。

③大班幼儿可根据文学作品的形式，仿编出一个在结构、内容和主题上合理、有逻辑的文学作品片段，或者改变原有文学作品的结构，进行创编。大班幼儿的

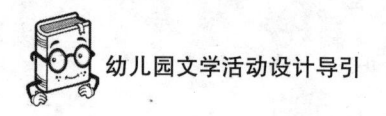

诗歌、散文的仿编，在结构上的限制可以相对少一些。如幼儿诗歌《摇篮》：

原文	仿编
蓝天是摇篮， 摇着星宝宝， 白云轻轻飘， 星宝宝睡着了。 大海是摇篮， 摇着鱼宝宝， 浪花轻轻翻， 鱼宝宝睡着了。 ……	蓝天是摇篮， 摇着月宝宝， 白云轻轻飘， 月宝宝睡着了。 小河是摇篮， 摇着虾宝宝， 水草轻轻摇， 虾宝宝睡着了。 ……

2. 续编

续编一般用于故事类文学作品，幼儿在理解故事内容、情节，把握故事主题的基础上，借助个人生活经验和想象，预测故事情节的发展，对故事内容进行续编，续编的内容要与已有故事的情节有关联，并且合理、有逻辑，续编一般是对中大班幼儿的要求。适合续编的故事在内容上具有可延伸性，故事的结局一般是字断而情未断，引发读者的思考和猜想。

如童话故事《猴吃西瓜》，故事以两只猴吃了西瓜皮后的对话结束，没有提及猴王的反应，幼儿在教师的提示下"猴王吃了西瓜皮，它觉得味道如何呢？你觉得接下来还会发生什么事？"，结合猴王的个性特征及对故事情节、主题的把握，展开想象进行故事的续编。

3. 创编

幼儿学习创编故事就是在理解故事、积累相关知识经验的基础上，尝试运用语言对故事的部分或者全部内容进行改编，从而创编出符合一定规则的故事，是一个从理解到表达的过程。教师需要关注幼儿想象的过程，给幼儿提供较充足的想象时间，并且给幼儿的想象提供支架，通过启发提问与讨论，引导幼儿进一步思考自己的想象。

如童话故事《没有牙齿的大老虎》，幼儿在理解故事的语言、情节、人物和主题后，教师启发幼儿思考与讨论：如果大老虎听了好朋友狮子的劝告后，吃完糖果就刷牙，它的牙齿还会痛吗？小狐狸还会想出什么诡计？幼儿在教师的提示和同伴讨论下，对故事的关键情节进行改编。

又如在童话故事《小兔子找太阳》的学习活动中，在幼儿收集了生活中与太阳相似的物品后，教师启发幼儿将这些物品加入故事情节中或者替换原有的物品，创编新的故事，教师可以这样提问：故事里的小兔子还会把什么当做太阳呢？妈妈又会怎么回应它？只对故事的高潮部分进行改编，保留故事的开端和结尾部分。

再如童话故事《龟兔赛跑》，在幼儿完整地学习欣赏作品后，教师提出新的情境问题"兔子因为骄傲情敌而输给了乌龟，心里十分不甘心，当场就宣布要和乌龟进行第二次赛跑，如果兔子和乌龟进行第二次比赛，兔子还会输吗？它们会怎样比赛呢？"幼儿围绕问题，凭着对乌龟、兔子个性的理解，结合现代生活经验，自由开展想象，编构一篇新的童话故事，即《龟兔第二次赛跑》。

4. 创造性想象与表达

创造性想象与表达也是幼儿迁移作品经验的一种重要方式，由教师创设机会，引导幼儿围绕作品的主题展开想象，结合绘画、手工制作等方式，创造性地运用语言进行讲述。

如童话故事《会唱歌的生日蛋糕》，幼儿围绕"你想怎样给爸爸妈妈过生日"话题，进行讨论、讲述，每个幼儿都开动脑筋，策划一次有趣的、有意义的生日庆祝活动，像故事中的小熊那样为爸爸妈妈过一个快乐的生日，并大胆地进行表达。

再如童话故事《野猫的城市》，教师组织幼儿想象与讨论"你认为城市是什么样子的？如果你的朋友或家人从外地来到你的城市，你会如何向他介绍你所在的城市？"幼儿先将自己认知中的城市画下来，再向教师、同伴进行讲述。

文学活动四个层次的网络活动，整合了与其相关的其他领域的内容，延伸到游戏、日常生活、家庭与社区活动中，更大程度上实现教学的"生活化"，帮助幼儿从理解到表达，从模仿到创新，从接受到运用。在这样的活动过程中，可以循序渐进地培养幼儿对语言艺术的敏感性，锻炼他们的想象力，增长他们的艺术思维能力，同时使他们的语言得到发展。

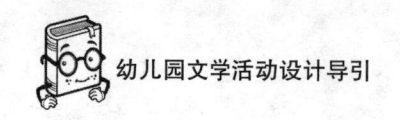

第五节 幼儿园文学活动的评价

【问题情境】佳佳的公开课从选题、确定目标到活动的精心设计与准备,每个环节都做了大量的工作。上公开课的那天,佳佳调整自己的心理状态,顺利地完成了该次文学活动的教学。从活动室出来,佳佳如释重负,经过本次活动的设计与组织,佳佳对幼儿园的活动设计有了更深的理解,但是本次活动是否达到了预期的活动目标?幼儿的学习状态如何?在活动中自己的教学素养如何?师幼互动效果如何?教学是否关注到了每个幼儿?佳佳需要进行活动的自我反思,同时也渴望得到幼儿园优秀教师的指点。

教师在开展语言教育活动后,可以对实施过程进行分析、评论,确认其教育效果。评价在幼儿园语言教育活动中具有重要的功能。

一、语言教育活动评价的内容

幼儿语言教育评价应包括两个方面的内容:一是对幼儿语言发展状况的评价,二是对语言教育活动的评价。对不同方面的评价内容应采取相应的评价方法。

1. 语言教育活动的评价

语言教育活动的评价包含两个方面,即活动设计方案的评价和活动实施过程的评价。活动设计方案的评价指的是对教育活动设计意图、教育活动目标、教育活动内容、教育活动方法进行评价,活动实施过程的评价则指的是对教育活动的组织形式、教学辅助材料的选择和利用、教育活动过程中师幼互动情况、教师的教学素养进行评价。

(1)活动设计方案的评价

①教育活动设计意图:主要评价语言教育活动的设计理念是否符合相关文件的指导精神,是否考虑了幼儿已有的生活经验与认知特点,是否关注幼儿的成长需要,对文学作品的分析是否准确,是否是从幼儿生活中生成的课程,是否与前后的语言教育活动具有纵向联系。

②教育活动目标：主要评价活动目标的提出是否以幼儿语言教育的总目标、年龄阶段目标和各种类型语言教育活动目标为依据；是否符合本班幼儿的实际认知水平；目标中的重难点是否明确；目标中是否包含了认知、能力、情感三方面的内容；目标的表达是否规范清晰、具体可操作性强；整个活动的设计与实施是否围绕教育目标展开。

③教育活动内容：主要评价语言教育内容的选择与目标的要求是否一致，能否完成活动目标；活动内容是否符合幼儿的年龄特点、实际认知水平和兴趣需要，能否提升幼儿的语言发展水平；内容的容量是否恰当；内容的组织是否主次分明，重点、难点是否突出；内容之间的过渡衔接是否自然流畅；内容是否突显了语言领域的特点、思想。

④教育活动方法：主要评价该教育活动能否根据语言领域的特点，综合运用多元化教学方法；方法的运用能否完成活动目标；教育方法与幼儿的学习方法是否相适合；方法能否调动幼儿学习的主动性与积极性；教师提问的难度、类型、数量等是否恰当有效。

（2）活动实施过程的评价

①教育活动的组织形式：主要评价在活动展开过程中，教师是否适当地进行了集体活动、分组活动和个别活动的组合与变化；在活动中是否因材施教，是否指导幼儿小组合作学习；分组中是否考虑到幼儿的情感因素和人际关系等。

②教学辅助材料的选择和利用：主要评价该教育活动是否选择了适合活动内容和幼儿实际水平的操作材料；使用的教具是否适合于语言教育活动的展开，是否有利于活动目标的达成；幼儿的学具是否适合于幼儿的操作；教具和学具能否做出若干组合和变化；教具和学具在活动过程中是否最大限度地被利用；是否提供充分的活动时间和适宜的活动空间，有效引发幼儿与环境、材料的积极互动。

③教育活动过程中的师幼互动情况：主要评价在活动过程中教师是否充分发挥了教师的主导作用；是否创造条件使幼儿成为活动的主体，是否关注到了每个幼儿；师幼交往是否和谐融洽；幼儿的注意力、兴趣、情绪、意志、性格等非智力因素是否得到充分激发；能否根据幼儿在活动中的表现和反应，灵活调整活动进程与指导策略。

④教师的教学素养：主要评价教师的教态是否亲切自然，既尊重幼儿，又严格要求；是否给幼儿营造自由、宽松的语言交往环境，鼓励、支持和吸引幼儿与他人交往；教学基本功是否扎实，教学语言是否生动活泼，简洁规范，富有启发性和感染力，是否有利于激发幼儿主动学习的兴趣和热情；能否有效处理活动中

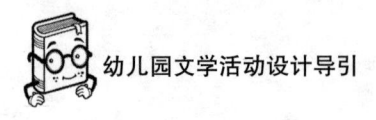

的突发事件。

2. 幼儿语言发展状况的评价

教育活动评价是以幼儿身上出现的变化或幼儿在活动中的表现为着眼点的。具体说可以分为两个角度：一是从幼儿学习效果的角度，对目标达成情况进行分析和评价，这可以称为静态的评价；另一种是从幼儿在活动中的表现的角度，对幼儿参与活动程度进行分析和评价，这可以称为动态的评价。

①对目标达成情况的评价。对目标达成情况的分析，是围绕教育活动目标进行的，即对幼儿在认知、技能和情感三维目标上达成情况的评价与分析。一是分析认知目标的达成情况，即了解幼儿是否获得了目标指定的语言知识，是否掌握了有关的语音、词汇和句型。二是分析能力目标达成的情况，即了解幼儿在倾听与表达、阅读与书写准备四个方面的语言能力，如幼儿能否根据活动中的语言环境来运用有关的词汇、句型和艺术手法，能否结合生活经验进行创造性想象与表达等。三是分析情感目标的达成情况，即了解幼儿是否形成了耐心倾听的态度，是否懂得并遵守语言交往中的一般规则；是否产生与活动主题相关的情感体验。在对目标达成情况进行分析的同时，还应对达成程度进行判断，一般分为三级指标，即完全达到目标要求、基本达到目标要求和未达到目标要求。经过这样两个维度的分析，就会对幼儿的语言发展变化有所了解。

②对幼儿参与活动程度的评价。对幼儿语言发展状况评价的另一方面，就是对幼儿参与活动程度的分析与评价，这是一种动态的评价。通过观察幼儿在活动中的表现，可以了解活动设计和实施的情况，也可以了解幼儿语言发展的状况。关于幼儿参与活动的程度可以分为三级指标：主动积极参与程度这是幼儿参与活动的最理想状态，如幼儿能主动积极参与活动，专注、耐心地倾听，对活动内容、活动环境、活动材料、活动方式产生浓厚兴趣，愿意与同伴交往合作，体验到自信和成功感；一般参与活动程度，这是幼儿参与活动的中间状态；未参与活动程度，这是幼儿参与活动的最不理想状态。

二、语言教育活动评价的方法

对语言教育活动进行评价，需要有一定的方法。评价的方法实际上是收集信息的方法，应根据所需要收集的信息，采用不同的评价方法。

1. 自由叙述评价法

自由叙述评价法是将对教育活动的意见、判断、感想等自由地写下来，通过文字叙述对教育活动加以评价的方法。这种方法既适合于自我评价,也适合于对他人的评价,主要用于收集语言教育活动的反馈信息。

自由叙述评价法的最大特点是不进行定量分析,不需要专门的测量工具和复杂的评价程序,既符合广大幼儿教师的使用习惯,又有利于综合反映活动过程中的情况。自由叙述评价法可以对静态的因素(如目标、内容、方法、材料、环境布置等)加以评析,也可以对动态的因素(如幼儿在活动中的行为表现)加以描述。不过,为了清楚地用文字表述对某一活动的评价,在叙述时应该分类。叙述中的分类可以有多种方法,可以按照活动的要素将叙述的内容分为对目标的评价、对内容的评价、对方法的评价、对师幼关系的评价、对教师素养的评价等,也可以按照优缺点分为两大类,还可以分为对幼儿的评价、对教师的评价。

2. 观察评价法

观察评价法是一种科学又切实可行的评价幼儿语言发展的方法。通过观察,既可以收集教育活动的评价信息,及时了解教育活动运行的状况,包括活动目标的达成情况、活动内容和方法与幼儿的适合程度,以及了解幼儿在经过活动之后在语言方面产生的变化,又可以在日常活动中通过有目的地倾听和观察幼儿的语音、用词、语句结构等,收集幼儿语言发展水平的信息,为设计语言教育活动提供依据,从而达到评价为教育服务的目的。

观察评价法的具体运用可以有多种途径,最常见的是在自然情景下的观察,即在日常教育活动中进行密集性的、连续性的观察。教师可以借助提问,对回答问题的幼儿的语言表述情况进行观察,可以在分组活动和个别活动中,通过巡视来观察幼儿的语言表述情况,也可以与幼儿个别交谈,借此来了解幼儿的语言情况。对日常生活中不易观察到的情况,教师可以根据教育活动的目标和内容,设计相应的活动,引发幼儿产生某种语言行为,教师从中观察幼儿是否了解与掌握了有关的语言知识和语用技能。

3. 综合评价法

为了在评价中获得对语言教育活动的总体印象,可以采用综合评价法。这种方法既对活动的各种因素进行分析和评价,又对活动的各种状态进行分析和评价,从而能够得到综合的评价信息。

综合评价法从纵向和横向两个维度确定评价指标。纵向包括构成语言教育活动的各种因素,主要有目标、内容、形式、幼儿参与活动程度、材料利用情况、师幼关系等。横向包括教育活动各因素在运行过程中的状态及其等级,如目标因

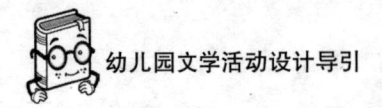

素分为完全达到、基本达到、未达到三个等级；内容因素和形式因素分为完全适合、部分适合、不适合三个等级；幼儿参与活动程度分为积极主动、一般参与、未参与三个等级；材料因素分为充分利用、一般利用、未利用三个等级；师幼关系因素分为积极互动、一般配合、消极被动三个等级。教师在活动评价中使用根据这两个维度制成综合评价表，只要在相应的位置打上钩即可，十分方便。

综合评价法采用两个维度、多种指标，只要使用此方法，就可获取多重评价信息。评价者借助这些信息材料，既可以对教育活动进行定量分析，又可以对教育活动进行定性分析，还可以进行因子分析，一举多得。

拓展思考与练习

①请结合教学实践，分析幼儿园文学活动的开展对幼儿发展的价值。

②以下是一首幼儿诗《听雨》，请您分析该首幼儿诗的文学特点和教育价值，并根据诗歌内容进行教学活动设计。

听雨

下雨啦，下雨啦，闭上眼睛，静静地听。
沙沙沙，沙沙沙，小雨在和树叶玩耍呢。
滴滴答，滴滴答，小雨在伞顶上翻跟斗呢。
吱溜溜，吱溜溜，小雨钻到花蕊里啦。
叮叮叮，叮叮叮，小雨在和窗玻璃打招呼呢。
沙沙沙，滴滴答，吱溜溜，叮叮叮，
小雨在唱一首多么有趣、多么生动的歌呀！

第二章 儿歌的设计与组织

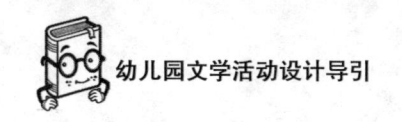

第一节　儿歌的特点及朗诵要求

一、儿歌的特点

1. 音韵和谐，节奏鲜明

儿歌可唱可诵，朗朗上口，通过和谐的音韵、鲜明的节奏，带给幼儿以情感的陶冶。

押韵是指儿歌中相关句子最后一个字的韵母相同或相近，使儿歌读起来产生音韵上的和谐美。儿歌押韵一般有四种情况：句句押韵，一韵到底，如儿歌《数蛤蟆》；隔句押韵，每逢双句押韵，首句可押可不押，如儿歌《小老鼠上灯台》；变换韵脚，一般每两句换一韵脚，变换韵脚要自然和谐，错落有致，如儿歌《菊花开》；词语、词句的回环复沓也是形成儿歌音韵和谐的另一重要方式，如儿歌《矮矮的鸭子》。儿歌的节奏主要体现在由诗句的停顿而构成的节拍上，鲜明的节奏主要通过句式的变化以及句子字数的变化来形成音乐感。有规律的句式是使儿歌产生节奏感的最重要的途径，儿歌的句式有整齐的三言、四言、五言、六言、七言、三三七言以及不整齐的杂言。例如儿歌《小金鱼》：

　　小金鱼，　　　　×××|
　　水里游，　　　　×××|
　　快快活活头碰头。×××× |×××|

2. 篇幅短小，内容通俗易懂

儿歌的读者主要是幼儿，而幼儿以具体形象思维为主，抽象逻辑思维能力尚处于萌芽阶段，同时生活阅历与知识经验相对缺乏，书面语言学习能力与理解能力水平尚低。因此，儿歌的内容应浅显易懂，篇幅不宜过长。一般而言，一首儿歌大多在四行至十余行之间，在有限的字数内，运用摹状、摹声、摹色等表现手法以及比喻、夸张、拟人等修辞手法，用浅显明白的语言集中地描写或叙述人、事、物，突出事物的形状、声音、色彩及人物的神态、心理等，使得幼儿在有趣欢快中理解学习，记忆传诵。例如，儿歌《小刺猬理发》只有七行，不到三十字，以一种幽默风趣的手法描述一个头发长长乱乱的小娃娃理发的故事，将"讲卫生、爱清洁"的主题完全融入浓浓的幼儿情趣中，使幼儿在笑声中轻松愉快地诵读。

3. 歌戏结合，富有趣味性

儿歌总是与游戏并存，最早的儿歌就产生于游戏的环境之中，"歌戏结合"是儿歌的重要特征。在儿歌的众多形式中，如游戏歌、问答歌、数数歌、绕口令等，均充满了游戏精神，儿歌的形式往往具有组织游戏的作用。儿歌并非专门的游戏歌，但在富于变化的节奏中、在和谐的韵律中、在自问自答的设想中、在童心可掬的表演动作中，都充满着游戏的快乐。失去了趣味性的儿歌是没有吸引力的，儿歌也会变成成人思想政治教育的工具。

二、儿歌朗诵的要求

1. 明确儿歌的形式，准确把握节奏

当拿到一篇儿歌作品时，先不要急于朗诵，而要先明确该儿歌的形式。儿歌的形式不同，其节奏的快慢、情感色彩会有较大的差异，在朗诵时需将其表现出来。如摇篮歌《摇篮》是母亲或成人哄宝宝睡觉时低吟哼唱的歌谣，朗诵时节奏舒缓柔美，语势适中，气徐声柔，句与句之间的停顿可以稍长。又如儿歌《醋和布》是一首绕口令，朗诵时要求咬字清晰正确，节奏快速流畅，语势跳跃，给幼儿带来听觉上的快感和乐趣。对儿歌的形式分析准确，朗诵时才能体现其特点。

2. 发音须准确，吐字要清晰

儿歌音韵和谐、句尾押韵，教师朗诵儿歌时，发音务必要准确，尤其是押韵的字，吐字要清晰，每一个音节发出来的时候，气息一定要十分饱满，语流顺畅，尤其要处理好"重音"；对语句中显露丰富的情感色彩、烘托气氛等起着重要作用的字词，在朗诵的时候需要强调，重音处理好了节奏才鲜明，儿歌的音乐性才能突显，从而吸引幼儿倾听和学习。例如儿歌《大苹果》，朗诵时须读准韵脚"o"，注意读出重音。

我是一个大苹果，
小朋友们都爱我，
请你先去洗洗手，
要是手脏别碰我。

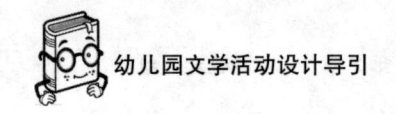

3. 配上适当的态势语，增强感染力

表演是欣赏儿歌的基本途径，教师在朗诵时，可以借助合适的态势语来强化儿歌的感染力，同时帮助幼儿加深对儿歌内容的理解。态势语要注意做到"自然与夸张"相结合，自然就是要手随心动、缘情而发、恰到好处，该出手时就出手，出手时要大大方方，不要欲出不出。所谓夸张是由儿歌的特点决定的，儿歌中的情节描写或细节描写，特别是用来刻画角色心理活动的细节，用夸张的态势语进行表现可以成功地吸引幼儿，增强儿歌的可视性。例如儿歌《小熊过桥》，教师可以用夸张的表情和动作将小熊过桥时稚拙胆怯的心理展示出来，这一憨态可掬的样子不仅可以感染幼儿，且为幼儿后续的儿歌表演提供了可模仿的范例。

三、儿歌学习的意义与目标

学习儿歌，幼儿可感受其和谐的音律、鲜明的节奏及音乐美，感知不同类型的儿歌特点以及多样的语句形式。诵读儿歌，不仅有利于幼儿正确发音，纠正幼儿的错误发音，而且能提高幼儿口头语言表达的流畅性以及对儿歌类型的敏感性，体验儿歌学习带来的乐趣。幼儿学习儿歌的目标随着年龄的增长逐步增加难度。

以下年龄段目标是参考教育部《3—6岁儿童学习与发展指南》以及由周兢教授编著的《学前儿童语言学习与发展核心经验》《幼儿园语言教育活动指导》整理而成，仅供读者参考。

1. 小班

①能够感知儿歌朗朗上口、韵律感强的特征。
②喜欢跟读韵律感强的儿歌、童谣。
③能听懂短小的儿歌。
④能初步用语言、动作、表情等方式表达自己对儿歌内涵、主题和情感的理解。
⑤在儿歌原有结构、画面的基础上，能通过替换字词的方式仿编儿歌中的一句。

2. 中班

①知道儿歌语言有节奏的形式。
②对儿歌的句式组成有初步认识。
③能运用较恰当的语言、动作、绘画等形式表达自己对儿歌内涵、主题和情感的理解。

④在儿歌原有结构的基础上,通过替换词汇仿编儿歌,改变儿歌原有的画面。

3. 大班

①感知不同类型,如数字歌、连锁调、绕口令等的儿歌形式的特点。
②借助动作或口头语言表现儿歌的节奏和韵律。
③联系生活经验,拓展想象,通过改变儿歌结构的方式进行仿编。
④能根据儿歌的开头,完成儿歌的仿编。

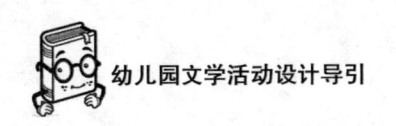

第二节　儿歌作品的赏析及教学建议

小　班

吃饼干

饼干圆圆，
圆圆饼干，
用手掰开，
变成小船。

你吃一半，
我吃一半。
啊呜一口，
小船真甜。

赏析：

　　这是一首四言儿歌，句式整齐，节奏非常鲜明，隔行押韵，音韵和谐优美，音乐感洋溢在字词间。儿歌体现了极强的游戏精神，对幼儿而言，吃饼干的过程也是游戏的过程。第一句"饼干圆圆"，紧接着第二句是"圆圆饼干"，这看似重复的话语，却正好体现出幼儿爱玩的天性，仿佛一个小孩把饼干攥在手里反复观赏，边吃边玩。"小船"的比喻让我们感受到幼儿诗意的眼光。"啊呜一口"是全文的点睛之笔，结合最后一句"小船真甜"，一个满意开心的笑脸跃然纸上。另外，而儿歌中"你吃一半，我吃一半"的分享行为，也是幼儿社会化的内容，有利于幼儿形成乐于分享的美好品质。

教学建议：

1. 创设情境，谈话导入

教师根据儿歌内容创设情境：今天，小兔子去店铺买了一块饼干，把它装在了口袋里，在回家的路上，它看见了好朋友小黄狗，小黄狗对小兔子说：小兔子，我肚子好饿呀，走不动了。小兔子听了，就从口袋里拿出了那块饼干。

故事讲到此，教师提问："如果你是小兔子，你会和小黄狗分享你的饼干吗？你会怎么分呢？"教师鼓励幼儿分享自己的想法，畅所欲言。

2. 摸一摸，感知饼干的形状

教师把饼干藏在不透明的袋子里，提问："每个小朋友都有自己的想法，那小兔子是怎么分饼干的呢？我们先来看看这块饼干是什么形状的，请小朋友们来摸一摸，猜一猜。"教师邀请幼儿轮流上来摸一摸饼干，猜一猜，说一说它的形状。教师出示饼干，肯定幼儿的猜测："你们说对了，这块饼干是圆形的，是一块圆圆的饼干。"

3. 做一做，说一说

教师请幼儿把饼干掰成两半，教师提问："小兔子把圆圆的饼干分成两半，小黄狗一半，自己一半，大家一起分享，现在请一位小朋友上来帮小兔子分饼干。请小朋友看一看，饼干掰开以后，像什么呀？"教师鼓励幼儿自由开展想象，大胆地讲述，不需要幼儿一定答出"小船"，不要求统一答案。

4. 朗诵儿歌，感知儿歌内容

教师导语：小朋友们的想象力真棒，饼干看起来像香蕉，像月亮，像……小兔子觉得它像小船，它把一半饼干给了小黄狗，自己留一半，啊呜一口，饼干吃完了，嗯，这个饼干小船真甜。小兔子和小黄狗一边走回家，一边开心地唱起了儿歌，你们听听它们在唱什么儿歌？

教师播放儿歌的动画片，或者利用图片自己朗诵儿歌，朗诵时注意把握节奏，突显儿歌的音乐色彩，在朗诵"啊呜一口，小船真甜"时，配上享受满足的表情和动作，以感染幼儿。教师朗诵时可以参考以下节奏：

饼干圆圆，　　× × × ×|
圆圆饼干，　　× × × ×|
用手掰开，　　× × × ×|
变成小船。　　× × × ×|

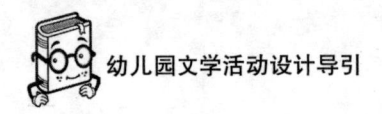

你吃一半，　　××××|
我吃一半。　　××××|
啊呜一口，　　××××|
小船真甜。　　××××|

5. 朗诵儿歌，学编动作

①教师朗诵，幼儿跟读。（次数不要超过2次）
②幼儿根据图片提示，集体朗诵儿歌。
③教师朗诵，幼儿自编动作。

教师启发幼儿创编动作，注意教师只朗诵不做动作，避免幼儿模仿教师而失去了自主性，教师提问："圆圆饼干可以用什么动作表示？怎么用手'掰开'饼干？用什么动作表示'小船'？"

④幼儿边朗诵边做动作。

在幼儿熟悉儿歌内容后，教师可以放手让幼儿表演朗诵，先集体进行，后分组轮流展示，教师与幼儿共同进行评价和鼓励。

6. 分享饼干，亲尝甜滋味

幼儿集体分享饼干，尝尝饼干的甜滋味，教师导语：你们喜欢吃饼干吗？小兔子说，好东西要和大家一起分享，所以小兔子又去店铺买了一袋饼干，想和小朋友一起分享，现在我们一起来尝尝甜甜的饼干吧。

教师把饼干发给幼儿，两名幼儿一块饼干，自己掰开，一人一半，在儿歌的游戏氛围中享受美味的饼干。

7. 游戏体验，加深理解

根据儿歌内容，教师设计与组织幼儿游戏，教师或幼儿朗诵，幼儿游戏。游戏玩法：幼儿扮演饼干，两人一组，手牵着手，围成小圈，当教师朗诵"饼干圆圆，圆圆饼干"时，幼儿牵着手自由转圈，当朗诵"用手掰开，变成小船"时，双手松开，各自做小船状，当朗诵"你吃一半，我吃一半。啊呜一口，小船真甜"完毕时，幼儿迅速找个位置蹲下，否则就会被朗诵者（教师或幼儿）"吃掉"，被吃掉的幼儿做下一个朗诵者，依次轮回。

8. 迁移经验，仿编儿歌

因为小班幼儿的仿编水平较低，教师可以启发幼儿采用替换词语的方式仿编儿歌，替换词语后不影响儿歌的整个画面，如用"香蕉""月亮"等替代"小船"，编成一首新的儿歌，幼儿集体朗诵，一方面进一步加深幼儿对儿歌内容的理解，另一方面帮助幼儿体验仿编带来的成就感。

建议课时数：

2课时。

小班

矮矮的鸭子

一排鸭子，个子矮矮，
走起路来，屁股歪歪。
翅膀拍拍，太阳晒晒，
伸长脖子，吃吃青菜。
一排鸭子，个子矮矮，
走起路来，屁股歪歪。

赏析：

儿歌句式整齐、节奏鲜明、行行押韵、音韵和谐，鸭子的形象生动可感。儿歌以幼儿的心态和视角，从鸭子的外形、动作、形态等几方面提炼出可诵可记、耐读耐赏的儿歌，将生活中常见的一群鸭子写得风趣传神、游戏性强，而且读起来具有极强的动感，深受幼儿的喜爱。"走起路来，屁股歪歪"，通过反复吟唱能让孩子回味无穷、妙趣连连。叠词的运用，如"矮矮""歪歪""拍拍""晒晒""吃吃"等，增强了儿歌的节奏感，使得朗诵俏皮轻巧、感染力极强。幼儿可以扮演鸭子愉快地边朗诵边游戏，感受儿歌的节奏美和韵律美。

教学建议：

1. 谜语或律动导入

教师根据儿歌主角"鸭子"，设计谜语导入。教师导语：有一只动物，嘴巴扁扁，爱吃青菜，水里游泳像只小船，走起路来一摇一摆，"嘎嘎嘎"叫。请你猜一猜它是谁？我们一起学一学鸭子叫，把它请出来吧。

或者采用律动导入。教师播放音乐《数鸭子》，幼儿和教师学着鸭子走路的样子，随着音乐排着队走进教室，音乐结束后找到椅子上坐好。教师导语：刚才我们是学着谁走路呀？鸭子长什么样子？今天鸭子也来到咱们班了，我们一起把它请出来吧。

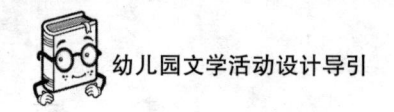

2. 仔细看一看，大家说一说

①观察玩具鸭子。教师出示玩具鸭子，请幼儿仔细观察鸭子外形，教师提问："这个鸭子是什么颜色的？它的个子高不高？"师幼讨论。

②观看鸭子的动态视频。教师播放鸭子的小视频，幼儿带着问题观看，教师导语：小鸭子是怎么样走路的？小鸭子喜欢生活在哪里？小鸭子喜欢吃什么？它是怎么吃的？今天鸭子还带来一首好听的儿歌，儿歌名字叫《矮矮鸭子》，请小朋友仔细听一听。

3. 教师朗诵儿歌，感知儿歌内容

①教师有节奏地、声情并茂地朗诵儿歌，以感染幼儿，引发幼儿学习儿歌的兴趣。教师朗诵时，可以参考以下节奏类型：

一排鸭子，个子矮矮，	×× ×× ×× ××|
走起路来，屁股歪歪。	×× ×× ×× ××|
翅膀拍拍，太阳晒晒，	×××× ××××|
伸长脖子，吃吃青菜。	×××× ××××|
一排鸭子，个子矮矮，	×× ×× ×× ××|
走起路来，屁股歪歪。	×× ×× ×× ××||

②逐幅出示图片，帮助幼儿理解儿歌句子。教师提问："听了这首儿歌，你感觉怎么样？从儿歌里你听到了什么？"教师根据幼儿的回答逐幅出示相关的图片，帮助幼儿初步感知儿歌内容。

4. 认识叠词，借助动作进一步理解关键词汇

教师再次朗诵儿歌。教师导语：老师发现这首儿歌里有很多特别的词，你们发现了吗？我们一起来找找，"矮矮""歪歪""拍拍"……我们都把这些字宝宝找出来了，它们有一个统一的名字——"叠词"。

教师可以边找边出示字卡，便于幼儿直接感知叠词，然后邀请幼儿用动作表示对这些叠词的理解，教师应鼓励幼儿有自己独特的动作，不建议做统一要求。

5. 集体朗诵

幼儿扮演鸭子，与教师一起完整朗诵儿歌。教师导语：鸭子很喜欢你们，你们喜欢鸭子吗？我们一起来做一只可爱的鸭子，和老师一起来朗诵这首儿歌吧，

看看哪只小鸭子念儿歌的声音最好听。（教师一边朗诵，一边拍打节奏。）

6. 多形式的表演朗诵

教师提问："鸭子邀请小朋友们和它一起跳舞，你们愿意吗？"幼儿扮演鸭子，教师或幼儿朗诵儿歌，形式可以多样化。

①教师朗诵儿歌，幼儿根据内容自由编动作。教师边朗诵边观察幼儿的表现，然后对幼儿所编的动作进行评价，鼓励幼儿大胆地表现。

②邀请语言能力较强的幼儿朗诵，其他幼儿在第一次的基础上继续完善动作，也可以跟着一起朗诵，教师注意观察并进行评价。

③教师把幼儿分为2组，一组朗诵，另一组表演动作，交换进行，根据幼儿的能力和兴趣决定表演的次数。教师注意观察并进行评价。

④邀请在以上表演朗诵中表现突出的3～5名幼儿上台进行表演朗诵（边朗诵边做动作），教师和幼儿进行评价，一方面增强幼儿的表现力和自信心，另一方面为其他幼儿树立榜样。

7. 集体表演朗诵

教师组织幼儿进行儿歌表演朗诵，分组进行。幼儿排成一排，一边朗诵儿歌，一边表演动作。教师可以播放合适的背景音乐，增强表演的趣味性。

8. 游戏体验，加深理解

游戏情境：有一群鸭子要从小桥下面游过去，可是桥上有两位老爷爷想要抓一只鸭子，鸭子们都小心翼翼地游着，以防被抓走。

游戏规则：小朋友来做小鸭子，两位老师做老爷爷（两位老师面对面牵手，做搭桥状）。小朋友排队依次从"桥"下"游"过，一边穿过桥一边唱儿歌。当儿歌朗诵结束时，"桥"就会塌下来，抓住一只"鸭子"，被抓住的小朋友就要坐回椅子上。

9. 延伸活动，为鸭子涂色

教师为幼儿准备未涂色的鸭子图片，邀请幼儿为鸭子涂色，教师提问："鸭子要参加它好朋友的生日舞会，它想把自己装扮得漂漂亮亮的，小朋友们可以帮助它吗？"教师为幼儿提供多种颜色的蜡笔，幼儿自由涂色，注意尽量不能涂到轮廓的外面，涂色均匀。

幼儿的生活经验和想象力不一样，颜色的选择也会不一样。小班幼儿喜欢彩虹色，喜欢根据自己的喜好进行选色涂色，教师应给予尊重并通过提问的方式进行了解。

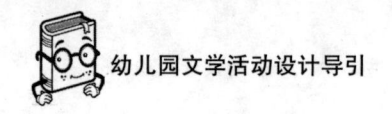

建议课时数：
2课时。

小班

椅子上的钉子

小猪坐上小椅子，
屁股扎了一下子。
摸摸小椅子，
上面有钉子，
悄悄换给小兔子。
小兔坐上小椅子，
也被戳了一下子。
找来小锤子，
修好小椅子，
大家都夸小兔子。

赏析：

这是一首字头歌，整首儿歌皆以"子"字结尾，一韵到底，有很强的韵律感，儿歌的主角也是幼儿熟悉且喜爱的动物。儿歌中主要叙述小猪换椅子、小兔修椅子这么一个小故事，寓枯燥的说教于生动风趣又朗朗上口的儿歌中，内容浅显，贴近幼儿的生活，符合幼儿的认识特点。其实，孩子都有分辨对错的能力，懂许多道理，也知道行为规范要求。但是在日常生活中，少数幼儿常置道理于不顾，遇到困难不去想办法解决而是推给别人。这首儿歌能让幼儿懂得"己所不欲勿施于人"，更有利于培养幼儿遇到困难动脑思考解决的好习惯，可见这是一篇"寓教于乐"的好教材。

教学建议：

1. 情境表演，激发学习兴趣

教师导语：今天的天气可真好，森林里的小动物们一起去上幼儿园啦，小猪和小兔来到了小二班，它们准备去图书区拿书看，就在这个时候发生了一件事情，我们一起来看看到底发生了什么事情。

情境表演：（教师或邀请中大班的幼儿表演）小猪拿到了一本故事书，高高兴兴地走到桌子前，刚一坐下，就猛地跳起来，"哎哟——哎哟——好疼啊！"它摸着屁股，又摸摸小椅子，"哎哟，这张椅子上有钉子"，小猪痛苦地说着，它左右看看没人，悄悄地把这个椅子换给了小兔子，就没事一样看书了。这时，小兔蹦蹦跳跳地也过来了，到椅子上坐下，小兔也猛地跳起来，摸着屁股作痛苦状。它摸摸椅子，发现有钉子，也左右看看，小猪用书挡住脸，装着看不见。接着小兔出去了，一会儿，拿来了小锤子，叮叮当当修好了小椅子。

2. 师幼讨论，回忆故事内容

幼儿回忆故事情节，师幼讨论，梳理故事思路。教师提问："小猪坐了椅子后为什么突然跳起来？它说了什么？接着它是怎么做的呢？小兔坐上了小椅子，有没有被钉子扎到？然后小兔又是怎么做的？"

3. 故事再现，升华主题

教师再次讲述故事，或者让幼儿再次表演故事情境。教师提问，帮助幼儿把握主题：

①小猪被小钉子戳了一下，感觉怎么样？
②它为什么要悄悄地把小椅子换给了小兔？
③小猪这么做对吗？为什么？小猪应该怎么做才对？
④如果不换椅子，小兔的屁股还会被戳着吗？

教师小结：自己不喜欢的东西也不可以换给别人，这样是不对的。（这一环节，通过层层递进的提问，使幼儿对小猪所犯错误有了深层认识，明白了小猪这种行为会让小兔受到伤害。）

4. 学习儿歌

①教师朗诵儿歌。

教师导语：小二班的小羊老师知道这件事后，它表扬了小兔并把这个故事编成了一首好听的儿歌，我们一起来听听吧。

教师从故事发展的情节和情感，把握儿歌的节奏，有感情地朗诵儿歌。教师朗诵时可以参考以下节奏类型：

小猪坐上小椅子，	×× ×× ×× ×|
屁股扎了一下子。	×× ×× ×× ×|
摸摸小椅子，	×××× ×|

上面有钉子，	××× × ×|
悄悄换给小兔子。	×××× ××× |
小兔坐上小椅子，	×× ×× ×× ×|
也被戳了一下子。	×× ×× ×× ×|
找来小锤子，	×××× ×|
修好小椅子，	×××× ×|
大家都夸小兔子。	×××× ×× ×|

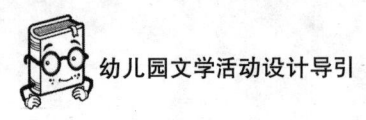

②感知儿歌。教师引导幼儿发现和认识字头歌的特点。教师导语：你们觉得小羊老师编的儿歌好听吗？你们发现这首儿歌有什么特别的地方？每一句的最后一个字都是"子"，这样的儿歌叫字头歌。教师再次朗诵儿歌，帮助幼儿进一步感知字头歌的特点。

5. 拍打节奏，朗诵儿歌，感知儿歌的韵律美

幼儿已经理解了儿歌内容，儿歌情节生动有趣，节奏朗朗上口，在此基础上，幼儿能够较好地学习朗诵。教师可以采用多种方式朗诵。

①跟读儿歌。幼儿用手拍打节奏，跟教师一起朗诵儿歌，在幼儿熟悉节奏后，教师可以改用拍腿、拍同伴的后背等方式。

②教师拍打节奏，幼儿朗诵儿歌。教师只拍打节奏（或者教师使用快板等其他乐器，增强朗诵的趣味性），幼儿根据节奏提示朗诵儿歌。

③幼儿边朗诵边拍打节奏。根据班级幼儿的实际情况进行，若幼儿能力强可以使用简单的打击乐器。

6. 表演朗诵，师幼评价

教师邀请幼儿单独上台朗诵，教师可以协助拍打节奏，幼儿可以用贴星星的方式对朗诵的同伴进行评价。

建议课时数：

2课时。

虫虫飞

虫虫虫虫飞飞飞，飞到草地喝露水。
虫虫虫虫飞飞飞，飞到花园踢踢腿。

虫虫虫虫飞飞飞，飞到天空排成队。

虫虫虫虫飞飞飞，飞到树杈睡一睡。

赏析：

这是一首朗朗上口且富有童趣的儿歌，简短整齐又重复的语句非常适合小班幼儿学习，在"虫虫虫虫飞飞飞"反复的过程中，塑造了虫虫飞的可爱动感。句尾押韵更增添了儿歌的韵律感，第一句"飞到草地喝露水"，能激发幼儿学习的兴趣，让人不禁联想到一群小虫子在草地上到处飞舞。第二句"飞到花园踢踢腿"，形象生动，给予幼儿更大的想象空间：虫子能如何伸展腿部动作呢？第三句"飞到天空排成队"也能使幼儿脑海中形成虫子排队的样子，更有利于幼儿在平常生活中养成排队喝水、取食物的行为习惯。第四句"飞到树杈睡一睡"，将这首儿歌的情景更加生动化，给予幼儿更大想象空间。

教学建议：

1. 创设情境，谈话导入

教师根据儿歌内容创设情境：今天我在来幼儿园的路上，遇到了一只小昆虫，它的名字叫"虫虫"，它在我旁边飞来飞去，它对我说："我今天要去很多好玩的地方，你要跟我一起去吗？"我答应了"虫虫"，还告诉它要带着我们班的小朋友一起去，你们想不想去？你们猜猜"虫虫"会飞去什么地方呢？在那里做些什么事情？我们跟着"虫虫"一起去看看吧。教师鼓励幼儿大胆想象并敢于分享自己的想法。

2. 朗诵儿歌，初步感知儿歌

教师播放幻灯片，有节奏地朗诵儿歌，注意把握朗诵的速度，不宜过快，朗诵时可参考以下节奏类型：

虫虫虫虫飞飞飞，飞到草地喝露水。	×× ×× ×× ×，×× ×× ×× ×|
虫虫虫虫飞飞飞，飞到花园踢踢腿。	×× ×× ×× ×，×× ×× ×× ×|
虫虫虫虫飞飞飞，飞到天空排成队。	×× ×× ×× ×，×× ×× ×× ×|
虫虫虫虫飞飞飞，飞到树杈睡一睡。	×× ×× ×× ×，×× ×× ×× ×|

教师提问："你们跟着'虫虫'去了哪些地方玩？你觉得这些地方好玩吗？"

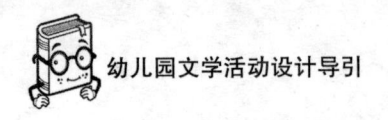

3. 观察图片，学习儿歌

教师分别出示"飞到草地喝露水""飞到花园踢踢腿""飞到天空排成队""飞到树杈睡一睡"四个图片，引导幼儿进行观察，熟悉儿歌的内容，用动作表达对儿歌的理解。教师导语：

①虫虫虫虫飞飞飞，飞到草地上做什么呢？你觉得露水是什么味道的？

②虫虫虫虫飞飞飞，飞到了花园里，它在花园里做什么呢？我们也和虫虫一起踢踢腿吧。

③虫虫虫虫飞飞飞，飞到高高的天空了，在空中做什么？它们为什么要排队呢？

④虫虫虫虫飞飞飞，最后飞到了哪里？虫虫是怎么睡觉的呢？请小朋友们也学学虫虫睡觉的样子。

4. 朗诵儿歌，学编动作

教师：你们喜欢虫虫去的这些地方吗？我们和虫虫一起来朗诵这首儿歌吧。

①幼儿根据图片提示，与教师共同朗诵儿歌。

②教师出示图片，请个别幼儿在集体面前朗诵。

③教师朗诵，幼儿自编动作。

④幼儿边朗诵边表演动作。教师请幼儿分组轮流上台，边朗诵边表演，教师给予鼓励与评价。如果幼儿对儿歌内容尚不熟悉，可以采用教师朗诵或师幼朗诵的方式，如果幼儿能自主朗诵，则可以鼓励幼儿边朗诵边表演。

5. 游戏体验，加深理解

教师导语：我们和虫虫一起去了四个不同的地方，你最喜欢哪个地方？为什么呢？现在，我们来玩一个有趣的游戏。

游戏玩法：幼儿根据自己的喜好选择组成四个小组——"草地组""花园组""天空组""树杈组"。每个小组的幼儿围成小圈，教师扮演虫虫，一边做飞的动作，一边朗诵"虫虫虫虫飞飞飞"，当教师去到相应的小组，该小组的幼儿就要一边集体朗诵相应的儿歌句子，一边表演动作。第一次飞行可按照儿歌内容的顺序，接着可打乱顺序，增加难度。游戏可以集体进行，也可以分两大组进行。在幼儿熟悉游戏的玩法后，教师可以邀请幼儿扮演虫虫，继续游戏。

6. 教师小结，迁移经验

教师提问："你喜欢这个虫虫吗？为什么？虫虫早上起床喝水、做运动，还会排队出去玩，到了晚上自己一个人睡觉，你觉得这是一条怎样的虫虫？虫虫会照顾自己，遵守规定，是一个很棒的虫虫，你觉得你棒不棒？你会自己做哪些事情？"

教师展示幼儿在日常生活中自己独立做事（吃饭、睡觉、喝水、洗脸等）的照片，与幼儿一起说一说自己的本领，使儿歌的间接经验与幼儿的直接经验相结合，既加深幼儿对儿歌的体验与理解，又增强幼儿的自我效能感，提高生活自理能力。

建议课时数：

1～2课时。

中 班

我给小鸡起名字

一二三四五六七，

妈妈买了七只鸡。

我给小鸡起名字：

小一，

小二，

小三，

小四，

小五，

小六，

小七。

小鸡一下都走散，

一只东来一只西。

于是再也认不出：

谁是小七，

小六，

小五，

小四，

小三，

小二，

小一。

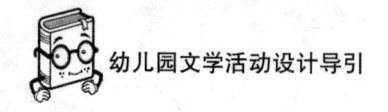

赏析：

这是一首传统形式的儿歌——数字歌，内容简单有趣，富含韵律感，读起来朗朗上口、易记易诵。儿歌前三句的句末三个字"七、鸡、字"以韵母"i"结尾，为这首儿歌增添了趣味性。在七字句中别出心裁地嵌入一连串的二字句，并且采用了像楼梯一样的对称句式，形成短促有力的停顿，犹如乐曲中的跳跃性音符，把娃娃喜爱的每一只小鸡的情态表现了出来，给人留下深刻的印象，同时也增强了儿歌的节奏感。一只只走散的小鸡被"我"的目光追随着，使得整个画面童趣盎然，成功地吸引了幼儿的注意。抽象的数字与有趣的情节结合起来，深受幼儿喜爱。

教学建议：

1. 齐唱歌曲，律动导入

教师导语：小朋友们，你们还记得我们学过的歌曲《小小蛋儿把门开》吗？我们跟着音乐一起边唱边跳吧。

音乐律动：每个幼儿找到一个的好朋友，齐拉手蹲下蜷缩成一个蛋。唱到"小小蛋儿把门开"时，幼儿双手打开；唱到"开出一只小鸡来"时，幼儿做小鸡的动作；唱到"毛茸茸呀胖乎乎"，幼儿可以根据歌曲自由发挥想象做动作；唱到"叽叽叽叽，叽叽叽叽唱起来"时，两名幼儿牵手转圈圈。

2. 创设情境，欣赏儿歌

教师导语：很多小鸡孵化出来啦，毛茸茸的胖乎乎的，可爱极了，你喜欢这些小鸡吗？亮亮小朋友也很喜欢，很巧，他的妈妈今天刚好买了几只小鸡回来，亮亮高兴坏了，可是这些小鸡都长得一样，亮亮决定给它们都取个名字。我们来听听亮亮是怎么给小鸡取名字的。

教师依次播放相应的图片，用轻快的语调、有节奏地朗诵儿歌，其中小鸡名字部分节奏稍慢，就像现场点数小鸡一样，将幼儿带入儿歌情境中。

3. 初步理解儿歌内容

教师提问："亮亮的妈妈买了几只小鸡？我们一起来数一数！亮亮给这些小鸡取了什么名字？你觉得哪个小鸡是小一、小二呢？小鸡一下子都走散了，亮亮还能认出哪个小鸡是谁吗？为什么？"

教师与幼儿围绕问题展开讨论，帮助幼儿初步理解儿歌内容。

4. 师幼朗诵儿歌，加深理解

教师再次朗诵儿歌。教师导语：你觉得这首儿歌有趣吗？哪个部分最好玩？我们一起来有节奏地朗诵这首有趣的儿歌吧。

①师幼共同朗诵。幼儿朗诵儿歌顺数和倒数部分，教师朗诵其他部分，激发幼儿朗诵的兴致。

②分组朗诵。把幼儿分成两组（男生组、女生组或者A组、B组等），一组幼儿朗诵点数部分，一组幼儿与教师一起朗诵其他部分，然后交换进行。教师注意幼儿的发音，帮助幼儿发准每一个音。

③结伴朗诵。两名幼儿一组，通过协商决定各自朗诵的部分，两人自由结伴朗诵，教师巡视倾听，对幼儿进行适时指导与鼓励。

5. 师幼互动，共同游戏

游戏玩法：教师扮演亮亮，七名幼儿分别扮演七只小鸡，并排成一列，教师（或不参与游戏的幼儿）一边朗诵"一二三四五六七，妈妈买了七只鸡。我给小鸡起名字：小一、小二、小三、小四、小五、小六、小七"，一边给每只小鸡取名字（小一至小七），每名幼儿记住自己是哪只小鸡，教师也要记住小鸡的顺序，在朗诵"小鸡一下都走散，东一只来西一只，再也分不清谁是……"时，幼儿自由走动，在朗诵倒数部分时，教师要按照刚才的顺序给走散的小鸡排序。一轮游戏之后，教师邀请一名幼儿扮演亮亮，再请其余小朋友参与游戏。

6. 制作数字卡

教师导语：亮亮给小鸡起名字的方法行不行？亮亮还是分不清这些小鸡，你有什么更好的方法吗？

教师鼓励幼儿积极开动脑筋想办法，并讨论这些方法的可行性，充分发挥幼儿的自主性，教师将幼儿的方法及时记录下来。

教师导语：小朋友想到了很多好办法，现在我们动手帮亮亮给这些小鸡制作漂亮的数字卡片吧。

教师在白板上或者墙上依次粘贴七只小鸡，每个幼儿制作一张数字卡片，并把卡片贴在相应小鸡的下面。教师鼓励幼儿发挥想象力与创造力，制作有创意的数字卡片。

建议课时数：

1课时。

中班

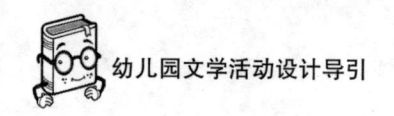

小树叶

什么树叶像颗枣？
什么树叶像只桃？
什么树叶像小手？
什么树叶像眉毛？
槐树叶儿像颗枣，
杨树叶儿像只桃，
枫树叶儿像小手，
柳树叶儿像眉毛。
什么树长什么叶儿，
只要留神就看到。

赏析：

这是一首问答式的儿歌，句式整齐，节奏鲜明，音韵和谐优美，音乐感洋溢在字词间。儿歌中问答的形式，激发幼儿的兴趣。对幼儿而言，他们天生就对所有事物充满好奇心，特别是大自然。整首儿歌运用了"什么树叶像××？"的句式提问并回答，发挥幼儿的想象力，符合中班幼儿具体形象的思维，利于幼儿理解各种不同树叶分别像什么。儿歌最后一句"什么树长什么叶儿，只要留神就看到"启发幼儿要细心观察，有利于幼儿注意力集中的养成。

教学建议：

1. 游戏式点名，感知问答歌形式

教师导语：今天我们用一种好玩的方式点名。老师说：谁的名字叫××？被点到名字的小朋友就站起来说：我的名字叫"××"。刚才，老师用一问一答的方式来点名，每个小朋友都听得很仔细，很快就能站起来回答。今天我们一起来学习一首特别的儿歌，它也是由一问一答组成的，叫问答歌。

游戏性的点名，既能很好地吸引幼儿的注意力，提高参与活动的兴趣，又能在简短的时间里自然地感受问答歌的形式。教师注意点到每个幼儿的名字，对幼儿响亮清楚的回答给予肯定。

2. 观察树叶，展开想象说一说

教师导语：首先，我们先来认识这几种树叶。今天，老师带来了四棵大树，你知道它们叫什么名字吗？它们分别是槐树、杨树、枫树和柳树，请小朋友们仔细观察它们叶子的形状，你觉得它们的叶子看起来像什么？

教师出示四棵树的图片，与幼儿共同观察树叶的形状，引导幼儿联系生活经验，大胆展开想象，说一说生活中与叶子相似的事物，例如"槐树的叶子像块糖，杨树的叶子像爱心，柳树的叶子像丝带，枫树的叶子像蝴蝶"，教师及时将幼儿的回答记录下来。

3. 整编问答歌

教师把幼儿刚才的回答整理后，反过来提问。教师将问答的句子整理成一篇完整的问答歌，帮助幼儿进一步掌握问答歌的形式，体验合作创编的快乐，如下：

> 什么树叶像块糖？
> 什么树叶像爱心？
> 什么树叶像蝴蝶？
> 什么树叶像丝带？
> 槐树叶儿像块糖，
> 杨树叶儿像爱心，
> 枫树叶儿像蝴蝶，
> 柳树叶儿像丝带。

4. 学习儿歌

教师导语：你们真棒，会编问答儿歌了，今天老师带来的这首儿歌和你们编的儿歌有点像哦，我们一起来听听。

教师朗诵儿歌，朗诵时注意区分问与答的语气，用上扬的语调朗诵问句，用肯定的语气朗诵答句，答句末的词汇"颗枣""只桃""小手""眉毛"可用重音朗诵。教师出示"枣，桃，小手，眉毛"的图片，帮助幼儿理解。

幼儿在充分展开想象并创编了问答歌的基础上再学习这首儿歌，既降低了学习理解儿歌的难度，提高了幼儿学习新儿歌的兴趣与信心，同时充分体现了幼儿学习的主体性，有利于幼儿想象力与创造力的发展。

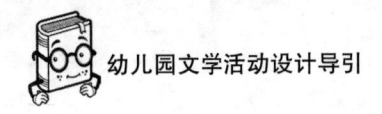

5. 共同朗诵儿歌

①教师朗诵问句部分，幼儿朗诵答句部分，最后一节共同朗诵。

②分组朗诵，女孩朗诵问句部分，男孩朗诵答句部分，最后一节共同朗诵。

③幼儿集体朗诵。

6. 小组 PK 游戏

幼儿分为两组（如男孩组、女孩组），每组每次派一名幼儿参赛，一组幼儿随意选用儿歌中的问句问，如"什么树叶像颗枣？"，另一组幼儿必须在 2 秒内说出相应的答句"槐树叶儿像颗枣"，否则就不得分。参赛的幼儿不能重复，最后得分最高的小组胜出。

7. 讨论自主创编，分享创编成果

教师导语：什么树长什么叶，只要留神就看到，你还认识哪些树叶？它们长什么样子？看起来像什么？请你尝试和你的小伙伴们一起编一首问答歌吧。

幼儿四人一组，教师给每个小组分发图片（图片上印有 2 种不同的树叶，每个小组的树叶不同），幼儿分组讨论创编，教师巡视指导，提醒幼儿用"什么树叶像××？××叶儿像××"的句式仿编儿歌。教师将幼儿仿编的句子整理成一首问答歌，与幼儿共同朗诵。

8. 印一印，画一画

教师提供多种树叶、颜料、颜料笔、水彩笔，幼儿用树叶进行拓印、绘画，在拓印与绘画中，进一步感知不同树叶的形状。教师鼓励幼儿大胆尝试，并与同伴交流分享。

建议课时数：

2 课时。

中班

颠倒歌

颠倒歌，说颠倒，
石榴树上结红桃，
杨柳树上结辣椒，
吹着鼓，打着号，
木头沉到底，
石头水上漂。

小鸡叼了秃老鹰，

老鼠抓住大花猫，

你说好笑不好笑。

赏析：

颠倒歌是儿歌的一种特殊形式，运用"故错"的手法把事物反着说，与生产规律、生活规律完全相反，因此颠倒的内容使儿歌富有趣味性，显得十分荒诞。中班幼儿理解能力明显增强，思维也变得复杂起来，能感知和会观察自然界中的事物、认识常见的动植物、初步了解一些生活或与生活有关的自然物质和科学现象。这首儿歌形式简单、滑稽有趣，把"石榴树"和"红桃""杨柳树"和"辣椒""小鸡"和"秃老鹰"等多组事物放到一起颠倒着唱，思维非常活跃，促进了幼儿认知发展。其中"木头沉到底"和"石头水上漂"调动了幼儿已有的科学知识经验，促进幼儿的想象力、语言和思维发展，陶冶幼儿的性情。

教学建议：

1. 创设游戏情境

教师导语：在魔法王国里，有一个非常奇怪的小城，名字叫"颠倒城"，颠倒城里所有的事物都是颠倒过来的，太阳从西边出来，人们倒着走路，早上起床刷脸洗牙，吃牛奶喝面包，老鼠追着猫跑，鱼儿在岸上游，苹果树上结香蕉……你去过这样的城市吗？想不想去看一看？魔法国王有个规定，你们必须顺利闯过四关才能抵达颠倒城，你们要挑战一下吗？

创设游戏情境引发幼儿参与活动的兴趣，并使幼儿在游戏情境中理解颠倒的含义。教师逐步提高难度系数，设计四道关卡。

2. 闯关一：颠倒游戏

游戏规则：6名幼儿一组，教师发出动作指令后，幼儿做出相反的动作，如教师说坐下，幼儿就应站立；教师说抬头，幼儿就应低头；等等。教师邀请两组幼儿代表参与，闯关成功后进入下一关。

3. 闯关二：词语颠倒

游戏规则：教师说出一个词语，幼儿说出其相反的词，如教师说天空，则幼儿可以说大地；教师说开心，则幼儿可以说生气；等等。教师说出词语的同时，出示相应的图片，以利于幼儿思考。幼儿自主参与闯关，闯关成功后进入下一关。

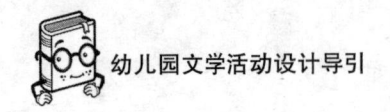

4. 闯关三：句子颠倒

游戏规则：教师说一句完整的句子，幼儿将其反着说，教师将儿歌中的句子作为游戏内容，如教师说"吹着号，打着鼓"，幼儿说"吹着鼓，打着号"；教师说"红桃树上结石榴"，幼儿说"石榴树上结红桃"；等等。

5. 闯关四：学习儿歌

①教师导语：我们顺利闯过了前三关，现在到达颠倒城的城门了，城门紧闭着，城门上贴着一首儿歌。国王说，如果我们能朗诵这首儿歌，城门就会自动打开了。我们先来听听这首儿歌。

教师朗诵儿歌，注意把握节奏，咬字清晰，语速可稍快。

②教师导语：你在儿歌中听到了哪些颠倒的事物？把你听到的句子说一说。

③朗诵儿歌。教师再次朗诵儿歌，师幼用多种方式共同朗诵，如用填空的方式诵读诗歌："颠倒歌，说颠倒，石榴树上结_____，杨柳树上结_____。"空格部分由幼儿朗诵。

④师幼共同朗诵。

6. 闯关成功，进城创编

①教师导语：恭喜小朋友们，你们闯关成功啦，城门打开了，我们来看看这座奇特的颠倒城吧，你看到了什么颠倒的现象？

教师呈现颠倒城的图片，与幼儿共同观察，鼓励幼儿大方地用完整的句子进行描述，感受颠倒城的诙谐。

②教师导语：颠倒城里的每个人都是颠倒着说话的，现在你们也是颠倒城的居民了，请每个小朋友都来说一句颠倒的话。

两名幼儿一组，一名幼儿说一句生活中现象，另一名幼儿把这个句子颠倒过来说。教师进行点评，并把较好的句子记下来，筛选后创编成一首新的颠倒歌，教师与幼儿共同诵读新的颠倒歌，让幼儿体验到创编的成就感。

7. 告别颠倒城

教师导语：我们要离开颠倒城了，颠倒城的人民对我们说"颠倒城不欢迎你们，以后不希望你们来颠倒城了"，颠倒城的人说这个话是什么意思呢？原来他们说话的意思也是颠倒的，他们希望你们再次到颠倒城来，那你们应该说什么呢？

建议课时数：

1课时。

大班

打醋买布

有个小孩张小路，
上街打醋又买布。
打了醋，买了布。
回头看见鹰抓兔，
放下醋，搁下布，
上前去追鹰和兔。
飞了鹰，跑了兔，
打翻醋，醋湿布。

赏析：

绕口令是一种极富民间特色，又能突出语言学习目标的文学形式。它有意识地把一些发音相近、容易读混淆的字词组合在一起，要求用比较快的速度诵读出来。《打醋买布》是一首饶有趣味的绕口令，语言生动幽默，且内容贴近幼儿的生活。该口令节奏感强，句末押韵，读起来朗朗上口。内容中出现了很多以"u"为韵母的"拗口""绕口"的字词，经过反复练习，能很好地帮助幼儿加强韵母、声调的辨读，改善发音不准的现象，增强幼儿语言表达的自信心。

教学建议：

1. 故事情境导入

教师导语：有一个小孩，他的名字叫张小路，妈妈叫他上街去买两样东西，你们猜猜是什么？张小路上街去打醋和买布了，他能不能顺利地完成妈妈交给他的任务呢，请竖起耳朵认真听一听老师朗诵的这首儿歌。

教师出示装有醋的瓶子，让幼儿闻一闻，说一说，把一块布放在不透明袋子里，让幼儿摸一摸，猜一猜，充分调动幼儿的嗅觉与触觉，在操作中感知物品，萌发幼儿参与活动的兴趣，教师与幼儿一起念"醋""布"。

2. 欣赏儿歌，感知绕口令

①教师朗诵儿歌，注意咬字清楚，初次朗诵要控制语速，不宜过快，配上相应的图片或者动作，以帮助幼儿理解儿歌内容。

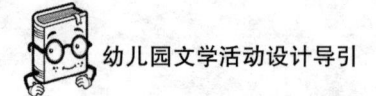

②教师导语：你在这首绕口令里听到了什么？张小路完成妈妈交给他的任务了吗？他在路上看到了什么？这首儿歌和你以前学的儿歌有什么不一样？这是一首绕口令，绕口令里有很多发音相近的词，很容易混淆和读错，考验你能不能念得又准又快。请小朋友再听老师朗诵一遍。

教师根据幼儿的回答，依次出示绕口令的内容图片，如小孩、醋、布、鹰、兔等。

3. 练习相近音

①教师根据图片指示，再次朗诵儿歌。

②幼儿根据图片提示，与教师一起朗诵儿歌。教师导语：你在读绕口令时有什么感觉？你发现这个绕口令中有哪容易混淆的字？原来这首绕口令的"路""醋""布""兔"字读音相近，容易混淆，念起来较拗口，念快时容易念错，我们念的时候要注意。

③练习相近音。教师读字（路、醋、布、兔等）但不出声，幼儿看教师的口型猜字，然后大声读出来。幼儿在猜口型的游戏中反复练习相近字，巩固发音。

4. 创编动作

教师朗诵儿歌，幼儿创编动作，教师鼓励幼儿在绕口令简短的故事情节里，展开想象，创编动作。幼儿在教师的多次朗诵与动作创编表演中，进一步熟悉儿歌内容，加深对儿歌内容的理解。

5. 多种形式朗诵儿歌

①教师将部分图片遮住，幼儿根据图片提示朗诵儿歌，然后逐步提高难度，遮住更多的图片，最后让幼儿尝试脱离图片朗诵儿歌。

②教师用快板打节奏，幼儿跟着节奏朗诵儿歌。

③教师提供多种乐器（响板、快板、木鱼、双响筒等），教师先用快板打节奏朗诵作示范，然后幼儿自主选择乐器，一边打击乐器，一边有节奏地朗诵。

有个小孩张小路，	×× ×× ×× ×|
上街打醋又买布。	×× ×× ×× ×|
打了醋，买了布。	×× ×0 ×× ×0|
回头看见鹰抓兔，	×× ×× ×× ×|
放下醋，搁下布，	×× ×0 ×× ×0|
上前去追鹰和兔。	×× ×× ×× ×|
飞了鹰，跑了兔，	×× ×0 ×× ×0|

打翻醋，醋湿布。　　　　×× × 0　×× × 0|

6. 比赛奏乐朗诵

幼儿选择一种乐器，进行两人对抗赛，尝试加速奏乐朗诵，又快又准者胜出。幼儿在竞赛游戏中，感受绕口令的特点与乐趣。

建议课时数：

1课时。

大班

雨铃铛

沙沙响，沙沙响，
春雨洒在房檐上，
房檐上，挂水珠，
好像串串小铃铛。
丁零当啷，丁零当啷，
它在招呼小燕子，
快快回来盖新房。

赏析：

"雨"是大自然的神奇产物，深受幼儿的喜爱且贴近幼儿生活。这首儿歌句尾押韵"ang"，这一韵母取得了很好的音韵效果。把"春雨"比作"雨铃铛"充满了童趣，词语反复、叠音词"串串""快快"、象声词"沙沙响""丁零当啷"等艺术手法，使这首儿歌生动有趣，产生了奇妙的音乐效果。儿歌围绕"雨"这一主题激发、鼓励幼儿发挥想象力，感受大自然的美，培养幼儿热爱大自然、亲近大自然的情感。儿歌中"春雨"和"小燕子"之间的联系能够帮助幼儿积累生活知识经验，是一篇丰富幼儿语言、训练幼儿想象力、培养语感的优秀儿歌。

教学建议：

1. 打击乐器引入主题

教师先后摇动沙锤和串铃，引导幼儿结合生活经验展开想象：这个声音好听

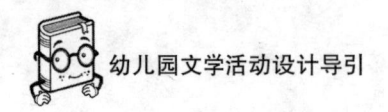

吗？听起来像什么声音？今天，我们和这两个打击乐器小伙伴一起来学习一首好听的儿歌《雨铃铛》。

2. 欣赏儿歌

教师出示儿歌的图谱，一边演奏打击乐器，一边朗诵儿歌，幼儿在听赏中感受儿歌的趣味和韵律美。

3. 理解儿歌内容

教师导语："沙沙响"是什么声音？原来是春雨来了，春雨洒在了哪里？春雨洒在屋檐上，顺着屋檐滴落下来，看起来好像什么呀？小铃铛发出了什么声音？这个声音是它在招呼小燕子，它对小燕子说了什么？为什么春雨要招呼小燕子回来盖新房呢？

在师幼讨论的过程中，教师播放小视频，帮助幼儿感知春雨从屋檐上滴落下来的场景，理解"挂水珠""小铃铛"。教师帮助幼儿理解"春雨"和"小燕子"之间的联系：春天的时候小燕子会从遥远的北方飞回来，等到冬天又飞回去，并且一直反复循环。

4. 师幼共同朗诵

①教师根据图谱，再次完整朗诵儿歌。
②幼儿朗诵拟声词部分，教师朗诵其他部分。
③幼儿根据图谱提示集体朗诵儿歌，教师配打击乐器。

5. 幼儿合作配乐器

幼儿自由选择其他打击乐器，与同伴合作重新配乐。教师提问："'沙沙响'还可以配什么乐器？小铃铛的声音和哪个乐器的声音比较像？用哪个乐器可以把小燕子召唤回来呢？"

幼儿分享配乐的方案，师幼共同评价，选出最受欢迎的配乐方案，与幼儿共同配乐朗诵。

6. 创意仿编，加深体验

教师导语：挂在屋檐上的水珠看起来还像什么呢？它会发出什么样的声音？我们也来编一首儿歌。

教师鼓励幼儿展开想象，对儿歌中的"好像串串小铃铛。丁零当啷，丁零当啷"部分进行改编，创编成一首新的儿歌，加深幼儿对诗歌的理解，并与幼儿对创编的儿歌进行配乐朗诵，如：

沙沙响,沙沙响,
春雨洒在房檐上,
房檐上,挂水珠,
好像×××××,
×××××××,×××××××。
它在招呼小燕子,
快快回来盖新房。

建议课时数：

1～2课时。

大班

摇篮

蓝天是摇篮,

摇着星宝宝,

白云轻轻飘,

星宝宝睡着了。

大海是摇篮,

摇着鱼宝宝,

浪花轻轻翻,

鱼宝宝睡着了。

花园是摇篮,

摇着花宝宝,

风儿轻轻吹,

花宝宝睡着了。

妈妈的手是摇篮,

摇着小宝宝,

歌儿轻轻唱,

宝宝睡着了。

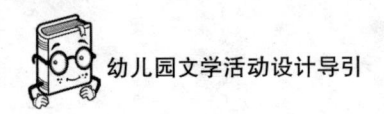

赏析：

这首诗歌具有别致巧妙的想象，构思独特，富有儿童情趣，形象地把大海、天空、花园、妈妈的手这些美好的事物比喻成摇篮，描绘出了小宝宝分别在不同的摇篮里睡觉的那种宁静、温馨的画面，能激发幼儿热爱大自然、向往大自然的情感；最后一段转向妈妈和宝宝，是本篇诗歌主题的升华，能够唤起幼儿对母亲的爱，使幼儿感受到亲情的美好。诗歌意境优美，非常适合幼儿进行学习。大班幼儿已经积累了一定的词汇，具有一定水平的口语表达能力，选择这一教材符合大班幼儿的学习特点。

教学建议：

1. 调动生活经验，谈话导入

教师导语：当你们还是一个小宝宝的时候，是谁哄你睡觉的？她/他是怎么哄你睡觉的呢？（教师出示妈妈哄小宝宝睡觉的图片）这些宝宝是怎么睡觉的？妈妈抱着小宝宝，妈妈的手就像摇篮，哄着小宝宝睡觉，真舒服啊。

教师可以出示本班幼儿小时候被妈妈抱着哄睡觉的照片，调动幼儿的生活经验，引发幼儿的学习兴趣。

2. 操作游戏：帮宝宝找摇篮

教师导语：妈妈的手是小宝宝的摇篮，老师这里有一些特别的小宝宝，星宝宝、鱼宝宝、花宝宝，你能帮它们也找到一个合适的摇篮吗？这里有三个摇篮，请你把你手上的小宝宝贴在合适的摇篮上。

教师把星星、鱼和花的卡片随机发给幼儿，幼儿根据自己的理解把手中的卡片贴到相应的图片（蓝天、大海、花园）上，教师鼓励幼儿大胆讲述理由，及时肯定孩子的想象。

3. 完整欣赏儿歌

教师导语：你们都帮这些小宝宝找到摇篮了，可是蓝天、大海和花园是怎么哄它的宝宝睡觉的呢？请小朋友安静地听一听这首儿歌，这首儿歌的名字就叫《摇篮》。

教师播放轻柔的音乐，用舒缓的语调、稍慢的语速朗诵儿歌，句与句之间的停顿可以稍长，同时配上适当的态势语。在幼儿对儿歌的内容有所了解后再带着问题欣赏儿歌，可以在较大程度上提高幼儿有意识倾听的能力。

4. 感知理解儿歌

教师导语：刚才听老师朗诵儿歌，你有什么感觉？儿歌里有哪些宝宝？蓝天是怎么哄星宝宝睡觉的？白云为什么要"轻轻飘"呢？星宝宝睡着了吗？大海是怎么哄鱼宝宝睡觉的？花园是怎么哄宝宝睡觉的？妈妈是怎么哄小宝宝睡觉的呢？它们都睡着了吗？

在师幼讨论的过程中，教师引导幼儿用语言、动作表达对动词"摇""飘""翻""吹"的理解。

5. 再次欣赏儿歌，尝试创编动作

①教师再次配乐朗诵儿歌。

②师幼朗诵儿歌。教师导语：星宝宝、鱼宝宝、花宝宝和小宝宝都睡着了，不能把它们吵醒了，我们要用什么声音来朗诵这首儿歌呢？

教师引导幼儿用轻柔的、好听的声音与教师一起朗诵儿歌。

③教师朗诵，启发幼儿创编动作。

6. 仿编儿歌，配乐朗诵

教师导语：蓝天是摇篮，还有谁也可以做蓝天的宝宝呢？月亮也是蓝天的宝宝，蓝天是摇篮，摇着月宝宝，白云轻轻飘，月宝宝睡着了。大海是摇篮，谁可以做大海的宝宝呢？花园是摇篮，还可以摇着哪些宝宝睡觉？请小朋友一起来说一说，编一编。

教师引导幼儿寻找相似的事物，并进行仿编，如天上的月亮、小鸟、蝴蝶、蜻蜓等，海里的各种小动物，花园里的小昆虫、植物等，幼儿用绘画的方式将自己的想法画下来，并与同伴相互讲述，教师将幼儿仿编的段落串联成一首完整的儿歌，与幼儿共同配乐朗诵。

7. 创编诗歌

①教师导语：除了蓝天、大海、花园、妈妈的手臂是摇篮，还有哪些东西也可以当摇篮呢？如果大树是摇篮，谁是它的宝宝呢？它怎么哄宝宝睡觉？

教师可以先作示范，或者请语言组织能力强的幼儿做示范，如"大树是摇篮，摇着果儿宝宝，树叶沙沙沙，果儿宝宝睡着了"。

②提供材料，分组讨论。幼儿四人一个小组，每组幼儿自选一张图片，与同伴相互讨论、仿编诗歌。教师巡回指导，适当参与幼儿讨论，提醒幼儿根据图片内容诗歌进行仿编。幼儿分享仿编内容，师幼共同评价，对优秀仿编作品进行配乐朗诵。

8. 升华主题

升华爱的主题，引导幼儿思考在自己成长的过程中，妈妈爸爸为自己所付出的爱，并说说自己将如何回报他们。

教师导语：妈妈的手是摇篮，摇着小宝宝们一天天地长大了，爸爸妈妈爱你们吗？他们为你做了哪些事情？你会怎么感谢他们呢？

建议课时数：

2课时。

课后拓展与练习

尝试分析以下儿歌，在表现手法上有什么特点？适合哪个年龄班幼儿？教师在朗诵时应注意什么？并为儿歌编上朗诵节奏。

辣椒

小青树，
个儿不高，
开白花，
结绿刀。
绿刀圆又尖，
变得红艳艳。
馋得蚱蜢咬一口，
呀！辣得翻跟斗。

第三章 幼儿诗的设计与组织

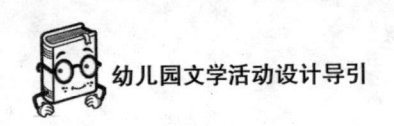

第一节　幼儿诗的特点及朗诵要求

一、幼儿诗的特点

幼儿诗具有所有诗歌类作品的共同特点，同时又有自身的特点。幼儿诗表现幼儿的情感和体验，是以幼儿为本位的，体现着幼儿的心理与意识。同时，幼儿诗所透出的幼儿活泼的天性、不受束缚的幻想及成长过程中的各种情绪，与成人诗复杂、深沉、隐藏、朦胧的特点有着明显的区别。

1. 高度凝练地表现幼儿的世界，抒发幼儿的情感

诗是最高形式的语言艺术，诗的语言应该是形象精练的。幼儿诗篇幅短小精悍，以高度凝练又通俗易晓的语言表现幼儿的生活和内心世界，抒发幼儿自然率真的情感。只有当描绘出让幼儿能够觉察到的形象的事物时，他们才能得到诗的陶冶，也只有以幼儿为诗中的抒情主体，抒发幼儿的情感，才能引起幼儿的共鸣。例如幼儿诗《雪花》：

雪花，
雪花，
你有几个小花瓣？
我用手心接住你，
让我数数看：
一、二、三、四、五、六。
咦，刚数完，
雪花怎么不见了？
只留下一个圆圆的小水点。

诗人用凝练简短的语言描绘了幼儿观察雪花的情景，表达了幼儿在观赏雪花

时的好奇、兴奋、专注、惊讶的情感态度，一个"咦"字生动传神、意境全出。

2. 描绘清晰可感的诗歌形象

幼儿诗需要通过塑造诗歌形象来抒发内心的情感，以达到反映生活的目的，由于幼儿身心发展的特殊性，决定了他们对具体、直观、形象的事物更易感知、更易接受。基于这一特点，在幼儿诗的接受上，幼儿对于鲜活生动、可视可感的诗歌形象接受起来很容易，而对于隐晦、玄妙、朦胧的意象有一种天然的排斥。因此幼儿诗的创作总是致力于描绘清晰可感的诗歌形象，运用拟人、比喻、夸张等艺术手法为塑造形象服务，让幼儿在具体的画面中感受诗情画意。例如鲁兵的童话诗《小猪奴尼》和圣野的《夏弟弟》中一个个具体、可感、逼真的诗歌形象，唤起了幼儿的审美感受，引发幼儿的无限遐想。

3. 具有充满幼儿情趣的优美意境

幼儿诗通过新颖独特的想象，创造出饱含幼儿情趣的优美意境，意境即指作品中所描绘的生活图景与所表达的主观情意融合一致而形成的一种艺术境界。通俗地讲，就是情景交融使人得到的一种画面形象之外的更丰富的艺术震撼之感。与其他诗歌不同的是，幼儿诗意境的营造离不开幼儿的趣味和情调，幼儿往往用不同于成人的视角和态度看待他们生存的世界，这决定了他们的认知和趣味追求与成人不同，优秀的幼儿诗表现的是幼儿天真、热诚、活泼、敏捷和任性的行为，以客观积极的笔调托起童心和童趣。例如幼儿诗《童话》：

小野菊坐在篱笆的后面，
侧着头，想道：
"我长大了，
要有一把蓝色的遮阳伞。
那时候，我会很好看，
我要和蜜蜂谈话！"

站在他旁边的蒲公英，插嘴道：
"可是，那有什么好呢？"
小野菊马上问道：
"可是你会比我好吗？"

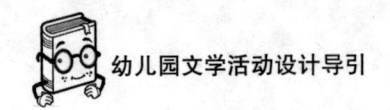

"我长大了，会有一顶
旅行用的，黄色的小便帽；
我要带一只白羽毛的毽子，
旅行到很多的地方！"

小野菊沉思地说："那真的很好，
可是，我不要像你！"

诗歌中描绘的小野菊和蒲公英就如两个天真可爱的孩子在相互倾诉着各自的理想，满怀憧憬和希望，画面感非常强，诗的生活场景和诗所要表达的追求个性理想的情感交汇融合，形成优美的意境，即使成人读来也能唤起童年的甜美回忆。

4. 具有内在的节奏与韵律

幼儿诗是自由体新诗，"诗无定句，句无定言"，不受句式、押韵、长短的限制，不像儿歌那样在整齐的句式中表现出有规律的音顿，也不像儿歌那样要遵循比较严格的押韵规则。幼儿诗的节奏与韵律是内在的，往往表现为一种自然天成的抑扬顿挫以及作品内在情感的起伏。例如林武宪的《阳光》：

阳光，在窗上爬着，
阳光，在花上笑着，
阳光，在溪上跳着，
阳光，在妈妈的眼里闪着。

诗歌简短，句型相同反复，造成了回环的旋律，诗歌的每一句均以"阳光"开头，词语的重复形成了内在的节奏感，句末的"爬着""跳着""闪着"，四个动词的音调由"阳平—去声—去声—上声"，形成了语势和语速上的变化，与诗歌的情感交织在一起，使人沉浸在一种自然和谐的旋律美和节奏美中，将读者带入充满阳光诗意的意境中。

二、幼儿诗的朗诵要求

1. 把握作品，确定情感基调

基调是指作品的基本情调和朗诵者的态度，确定情感基调，就是朗诵者须把握作品总的感情色彩，然后根据诗的情感基调来处理诗歌的音韵节奏。因为诗歌与儿歌不同，它没有遵循严格的押韵，没有整齐的句式，语言节奏的强弱、语气的轻重、语调的高低等，都与诗歌内在的情感基调有关，诗歌的情感基调把握准确了，诗的节奏、朗诵时的语气语调等朗诵的外部技巧就不会有偏差。例如幼儿诗《妈妈的爱》：

妈妈的爱，
会变魔术——
一会儿变成
我身上美丽的衣服
一会儿变成
我碗里香甜的饭菜
一会儿变成
我手中可爱的玩具……
变呀变，变呀变，
把我变高了
把她变笑了！

诗歌用幼儿的口吻以变魔术的方式描述了妈妈的爱，妈妈的爱可以变成美丽的衣服、香甜的饭菜、可爱的玩具，三个"一会儿"的使用写出了孩子天真的特点，兴奋之情溢于言表，教师朗诵时语势高扬，语速节奏较快。

2.借助多媒体朗诵，营造诗歌优美意境

意境优美是诗歌突出的特点，教师在朗诵时须把聆听者带进优美的意境中。首先，教师须对诗歌的意象进行分析、理解，领悟意境，幼儿诗的语言十分凝练，十分讲究遣词用句，诗歌中那些灵动、贴切、有张力的关键性的词语，往往是诗歌的点睛之笔，对其细细咀嚼品味，可以获得诗歌独特的美感，感受诗歌的意境。朗诵时可配上与诗歌基调和谐统一的背景音乐，配乐主要是起到烘托作用，需要注意的是，背景音乐要与诗歌的情感基调相吻合。当然，在朗诵的同时，也可以播放与诗歌内容相关的图片或者动画，帮助幼儿理解与体会诗歌中抽象的词汇。例如诗歌《春雨沙沙》：

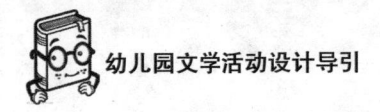

春雨沙沙，春雨沙沙……
沙沙的春雨，像千万条丝线飘下…
穿梭的燕子衔着雨丝，织出一幅美丽的春天图画：
绿的，是柳叶；红的，是桃花。
还织出一条清亮的小河，
河里的鱼儿欢快地摇动着尾巴。
河的对岸，一座小山。
山坡下，有播种的农民；山坡上，有植树的娃娃……
啊！多美的图画！

诗歌开头用摹声来描绘春雨飘洒大地的情景，叠音词"沙沙"的反复运用，增强了诗歌的音乐感和节奏感，以"穿梭的燕子"为主线绘声绘色地为读者展现了一幅春天的欢乐图，激发了幼儿对春天及大自然美好的向往。教师朗诵时，配上背景轻音乐，在朗诵"春雨沙沙，春雨沙沙"后，可以稍停顿，配合音乐中沙沙的下雨声，将小读者带入春雨淅淅沥沥的意境中，再配上春燕、春花、柳树、小河、忙碌的人们等图片或动画，诗歌的意境全盘托出。

三、幼儿诗学习的意义与目标

与儿歌相比，幼儿诗追求用凝练、生动、雅致的语言营造优美的意境，抒发幼儿的情感，所表达的感情更加丰富深刻。幼儿在听赏与学习幼儿诗时，能从中理解与积累优质的词汇，感受诗歌描绘的诗情画意，初步掌握诗歌吟诵的方法，感知诗歌内在的节奏美与旋律美，从而得到审美愉悦和情感的熏陶，发展美好的品质，陶冶性情。幼儿诗的年龄段目标参考第二章中儿歌的年龄段目标。

第二节　幼儿诗作品的赏析及教学建议

小班

绿色的世界

绿色的天空，
绿色的房子，
绿色的小朋友，
绿色的面孔，
这儿一片绿，
那儿一片绿，
到处都是绿、绿、绿。
当我把绿色的眼镜拿掉，
绿色的世界忽然不见了。

赏析：

诗歌内容浅近，充满了童真童趣，适合小中班幼儿阅读和学习。幼儿对多彩的世界充满了好奇，诗歌先描绘了幼儿生活中常见的事物，如天空、房子、面孔，到处都是绿色，为什么世界都变成了绿色？作者在这里埋下了悬念，紧接着揭晓答案，诗歌的趣味性油然而生，一张稚气调皮的笑脸也仿佛跃然纸上，引发小读者再次阅读的兴趣。诗歌排比句的运用增强了诗歌的韵律感，使得诗歌读起来朗朗上口，同时反复的句式也利于幼儿理解，便于幼儿迁移生活经验进行仿编。

教学建议：

1. 创设情境，激发兴趣

教师出示绿色世界的背景图，通过增设角色创设情境，用诗歌的句子描述意境。

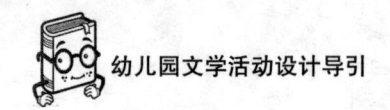

教师导语：小熊和小猪在玩一个有趣的游戏，小熊发现自己看到的世界突然都变成了绿色，你们看看，哪些事物变成了绿色？绿色的天空，绿色的房子，绿色的小朋友，绿色的面孔……到处都是绿、绿、绿，你们猜猜他们在玩什么游戏呢？你们想不想一起玩？

2. 感知体验，初步理解

教师出示绿色的儿童眼镜，可以用"点兵点将"或者"击鼓传花"等方式邀请幼儿参与体验，体验后进行分享与讨论，鼓励幼儿大胆表述。

教师导语：戴上这个眼镜，你发现了什么秘密？是和小熊看到的一样吗？为什么世界会变成了绿色？把眼镜摘掉以后，你又发现了什么？

3. 欣赏感受散文

教师借助绿色的背景图片，用明快的节奏、轻松愉悦的情绪朗诵诗歌，将幼儿带入一个神秘有趣的绿色世界，并感受诗歌的韵律感。

4. 理解诗歌，感知词汇"这儿""那儿""到处"

教师提问："诗歌中，小熊戴的是什么眼镜？看到了什么？在绿色的世界里，这儿一片绿，那儿一片绿，到处都是绿、绿、绿，'这儿'指的是哪里？'那儿'指的是哪里？'到处'是什么意思呢？"

教师可以邀请幼儿到绿色的背景图上指一指，说一说，初步感知词汇的含义。

5. 掌握和学习运用新词

教师引导幼儿用"这儿……那儿……"来描述活动室里的物品，或者把幼儿带到教室外面，边观察幼儿园里的事物边用句子描述，帮助幼儿进一步理解词汇，拓展幼儿的词汇量，在生活场景中掌握和学习运用新词。教师可以先示范：这儿有小椅子，那儿有小桌子；这儿有沙池，那儿有草地。

6. 学习朗诵诗歌

教师导语：你觉得这个绿色的世界有趣吗？这首诗歌美不美？我们一起用好听的声音朗诵这首诗歌吧。

①共同朗诵。教师边指着绿色的背景图，边与幼儿共同朗诵。

②幼儿朗诵。幼儿在教师的提示下，尝试自主集体朗诵。

7. 体验颜色眼镜的视觉效果，为仿编作铺垫

教师先出示其他颜色的眼镜，提问："如果带上红色的眼镜，这个世界会变成什么颜色呢？如果带上蓝色的眼镜呢？"在幼儿表达了猜想后，教师邀请

幼儿分组（如果眼镜数量足够，也可以集体进行）自由选择颜色眼镜，体验不同颜色眼镜产生的视觉效果，在体验的同时可以自由地与同伴、教师进行交流与分享。

8. 尝试用替代词汇的方式，仿编诗歌

幼儿在进行了操作与体验后，教师引导幼儿用替代词汇的方式，仿编诗歌，教师将幼儿仿编的内容及时地记录下来。

教师导语：你刚才戴的是什么颜色的眼镜？看到了什么？我刚才戴了紫色的眼镜，看到了紫色的天空，紫色的房子，紫色的小朋友……当我把紫色的眼镜拿掉，紫色的世界忽然不见了，老师刚才编的这首诗歌名字叫《紫色的世界》，请小朋友也来编一编，说一说你编的颜色世界。

9. 分享仿编诗歌

教师邀请幼儿分组（按颜色分）朗诵自己仿编的诗歌，教师也可以将幼儿仿编的诗歌串联在一起，组成一首长诗《多彩的世界》，师生共同朗诵，帮助幼儿体验仿编带来的快乐与成就感。

10. 画一画

幼儿展开想象，将自己仿编的诗歌内容画下来，因为小班幼儿的绘画能力相对较低，教师也可以准备素色的风景画，让幼儿进行涂色。

建议课时数：

3课时。

中班

爷爷和小树

下雪了，
爷爷给小树，
穿上稻草衣裳，
小树不冷了。

炎热天，
小树给爷爷，
撑开绿伞，

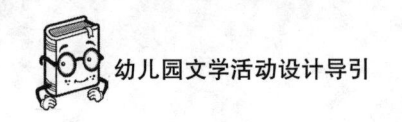

爷爷不热了。

爷爷真好！
小树真好！

赏析：

这首诗通俗易懂，形象地描写了人和树的关系：人类保护树林，树林为人造福，渗透着人和自然和谐相处的思想。文字凝练，全文无一多余的字，尤其是其中的"撑开绿伞"，可谓字字珠玑，极富动感、色彩感。结尾的两句"爷爷真好，小树真好"，巧妙地点题，措辞简练，却寓意深远。诗歌篇幅短小，内容贴近幼儿生活，幼儿在阅读与学习中感受人和自然的关系和互帮互助的精神，是一篇不可多得的优秀作品。

教学建议：

1. 观察图片，感知诗歌内容

诗歌内容浅显，教师可采用先图后文的方法，先给幼儿呈现两幅图，一幅是下雪的冬天，一位老爷爷在为小树裹上稻草，另一幅图是炎热的夏天，老爷爷在树下乘凉。教师引导幼儿观察图片，发现图画之间的关系，并大方地进行讲述，为后面理解诗歌做铺垫。

教师导语：

①你看见图画里有谁？老爷爷在做什么？老爷爷为什么给小树裹上稻草呢？

②老爷爷在树下做什么？你觉得这两幅图之间有什么关系？

2. 欣赏诗歌

教师借助诗歌图片，有感情地朗诵诗歌，朗诵时注意停顿，如"小树／不冷了""爷爷／不热了"，用重音读词汇"真好"，图片与文字的结合可以帮助幼儿初步了解诗歌内容。

3. 初步理解诗歌

教师提问，幼儿初步理解诗歌内容：

①下雪了，爷爷为小树做了什么小树不冷了？

②炎热的夏天，爷爷为什么不热了呢？绿伞指的是什么？

4. 添加角色对话

诗歌中小树和爷爷用行动为对方提供帮助，没有对话交流，教师可以引导幼儿展开想象，为角色设计对话，如小树穿上衣裳后会对爷爷说什么？爷爷在树下乘凉，他会对小树说什么？小树会怎么回应呢？幼儿在构想角色对话的过程中，感受和理解小树与爷爷之间的真情实意。

5. 角色扮演

教师邀请幼儿扮演小树和爷爷，模仿他们的动作，同时加入刚才自己设计的角色对话，进行角色表演。幼儿通过角色扮演，进一步理解诗歌，同时也设身处地地感受人物角色的情绪情感。

6. 主题讨论

教师组织幼儿进行主题讨论：为什么说"爷爷真好，小树真好"，他们哪里好？师幼讨论与分享，幼儿进一步体会诗歌所表达的人和自然和谐相处的思想。

7. 迁移经验，创造性表述

幼儿思考与讨论：寒冷的冬天，还有什么办法可以给小树保暖？教师可以展示种植树木、保护环境的照片，幼儿发散思维，结合生活经验，大胆表达自己的想法，萌发关爱树木、热爱大自然的情感。

8. 学习朗诵诗歌

教师播放背景音乐，幼儿朗诵诗歌，可以采用分小组朗诵或者分角色朗诵的方式。

下雪组：下雪了，爷爷给小树，穿上稻草衣裳，小树不冷了。

夏天组：炎热天，小树给爷爷，撑开绿伞，爷爷不热了。

齐：爷爷真好！小树真好！

9. 为诗歌起名字

幼儿根据对诗歌内容和情感的理解与感受，展开想象，为诗歌取一个合适的名字。起名字也是幼儿表达对诗歌内容理解的一种方式，教师允许幼儿有自己的想法，不要求统一认识。

建议课时数：

2课时。

中班

好朋友

妈妈说：

衣服和裤子

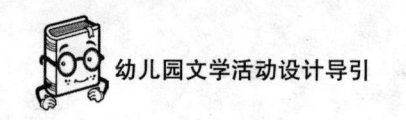

是好朋友；
雨伞和雨鞋
是好朋友；
茶壶和水杯
是好朋友；
小鸟和鸟笼
是好朋友。
我说：不对，不对。
小鸟的好朋友
是白云、蓝天
和快乐的树枝。

赏析：

这是一篇幼儿生活故事诗，以对话的形式赋予了生活物品以人的关系，以好朋友的关系揭示了事物间的内在逻辑关系，通俗易懂，符合幼儿的认知特点和审美情趣。中班幼儿已经认识了大量的生活物品，通过观察学习与亲身体验，具备了辨别物与物之间具有一定关系的思维能力，诗歌内容来源于幼儿生活，适合幼儿阅读，同时也高于生活，小鸟和鸟笼在空间上似乎是一对好朋友，"我"的回答，不仅体现了幼儿的纯真善良，也表露了诗歌热爱大自然、保护动物和崇尚自由的主题，赋予了诗歌深远的含义，这正是幼儿诗歌的魅力。

教学建议：

1. 物品配对，游戏导入

教师将物品（衣服、裤子、雨伞、雨鞋、茶壶、水杯）摆放在桌子上，用桌布盖好。

教师导语：今天，老师要变一个魔术，你们说"嘛哩嘛哩哄"，老师就变魔术，看看老师能变出什么东西。（教师取出物品）你认识这些东西吗？他们都是一对一对的好朋友，请你帮忙把三对好朋友找出来（幼儿根据生活经验将物品进行配对），你们找得对不对呢？我们一起听听这首诗歌《好朋友》。

2. 欣赏感受诗歌

教师朗诵诗歌，用生活化的口吻娓娓道来，注意用不同的音色和声调区分"妈妈"和"我"，帮助幼儿在听赏中在头脑里想象和构造人物的形象特点。

3. 理解诗歌内容

教师设计提问，帮助幼儿梳理物品之间的逻辑关系。教师提问：

①你们刚才找对好朋友了吗？

②为什么衣服和裤子是好朋友？衣服还可以和谁是好朋友？

③为什么雨伞和雨鞋是好朋友？雨鞋还可以和谁是好朋友？

④为什么茶壶和水杯是好朋友？茶壶还可以和谁是好朋友？

⑤谁和谁不是一对朋友？为什么小鸟不想和鸟笼做好朋友？小鸟的好朋友是谁？

4. 找朋友游戏

教师准备小卡片（衣服、裤子、雨伞、雨鞋、茶壶、水杯、小鸟、树枝），把卡片发给8位幼儿，播放音乐《找朋友》，音乐停止时，幼儿根据自己的卡片找到相应的好朋友，并用自己的语言讲述理由。

5. 再次欣赏理解诗歌

教师再次朗诵诗歌，或者播放诗歌的录音，幼儿可以轻声跟读。

6. 学习朗诵诗歌

幼儿先集体朗诵诗歌，再分角色进行表演朗诵。

①幼儿根据教师依次出示的卡片，集体朗诵诗歌。

②幼儿分成"妈妈"组和"我"组，幼儿集体扮演"妈妈"，用妈妈的口吻朗诵前半部分，"我"组的幼儿本色出演，朗诵诗歌的后半部分。

7. "物品连连看"游戏

教师导语：在我们的日常生活中，还有很多东西也是好朋友呢。老师把这些东西都画在了这张图上，请你找到他们的好朋友，并用线连起来啊。

教师出示图片的连线图（如牙刷与牙膏、饭碗和勺子、镜子与梳子等），将幼儿分成若干小组，一个小组1份连线图（每个小组的连线图可以不同），幼儿在共同商议后将好朋友用线连起来，最后每个小组轮流进行分享，说明物品之间的关系，锻炼幼儿的观察分析能力，进一步理解诗歌。

8. 尝试仿编诗歌

结合刚才的游戏内容，教师引导幼儿进行仿编。教师提问："你们刚才都找到了很多新的好朋友，你能不能把这些新的好朋友都编到诗歌里去呢？"幼儿用替换物品词汇的方式仿编诗歌，保留诗歌的后半部分，教师选择部分幼儿仿编的诗歌，与幼儿共同朗诵。

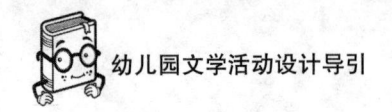

9. 迁移经验，创造性表述

教师围绕"好朋友"主题，在作品与幼儿的生活之间进行双向迁移，教师提问："每个物品都有自己的好朋友，你有好朋友吗？你的好朋友是谁？你为什么和他成为好朋友？"

10. 升华主题，萌发热爱大自然的情感

幼儿围绕话题讨论：小鸟为什么喜欢和白云、蓝天、树枝做好朋友？教师总结：原来小鸟喜欢自由自在地在蓝蓝的天空上飞翔，和白云做游戏，在树枝上玩耍、做鸟巢，为大树清除害虫，小鸟是我们人类的好朋友，我们要爱护它……

建议课时数：

2课时。

中班

露珠

早晨，
小花园里，
闪闪发光的露珠，
像美丽的珍珠，
撒满了一地。
太阳升起来了。
咦，那一颗颗晶亮的露珠，
怎么都不见了？
它们都跑到了哪里？
小草说：
在我绿油油的叶子里。
小花说：
在我红艳艳的花瓣里。

赏析：

露珠是生活中常见的自然物，诗人用孩子的眼光把它想象成美丽的珍珠，发挥着特别的用处，为孩子们提供了一个想象的空间。诗的最后一节，"小草说：在我绿油油的叶子里。小花说：在我红艳艳的花瓣里"，这就是一种想象，一种诗的想象，美的想象。因为谁也看不见露珠藏在叶子里或花瓣里。通过这个合情合理的想象，赞美了露珠甘于牺牲自己、乐于滋润生命的默默奉献的可贵精神，揭示并歌颂了大自然一种生生不息的生命状态。

教学建议：

1. **谜语导入**

教师可用"露珠"的谜语引出主题，如"小珍珠，真可爱，太阳出来，它就不见"。幼儿也可以通过谜语初步了解诗歌内容，萌发学习的兴趣。

2. **欣赏诗歌**

教师借助多媒体朗诵诗歌，朗诵前的提问可以有效地引发幼儿的有意识倾听，如："请小朋友认真听一听，露珠跑到哪里去了？"

3. **初步理解诗歌内容**

教师出示露滴的图片，提问：

①花园里，闪闪发光的露珠像什么？为什么说露珠像珍珠？

②你觉得露珠还像什么？

③太阳出来了，露珠跑到哪里去了？

教师引导幼儿调动生活经验，展开丰富的想象，用句子"露珠像……"进行表述，在师幼交谈中思考露珠的珍贵。

4. **再次欣赏诗歌**

教师播放诗歌音频，组织幼儿结伴思考与讨论：

①为什么太阳出来了，露珠就不见了？

②为什么小草说在它绿油油的叶子里？为什么小花说在它红艳艳的花瓣里？

经过师幼讨论与分享，幼儿理解露珠滋润着花草树木，是它们生命的源泉。

5. **学习朗诵诗歌**

在幼儿理解诗歌内容的基础上，分角色或者分小组朗诵诗歌，增加朗诵的趣味性。

6. **迁移经验，幼儿进行改编**

教师提问："你觉得露珠还可能跑到哪里去？"幼儿发挥想象，采用句式"××说：在我的××××里"对诗歌的最后一节进行仿编，如果幼儿的仿编水平较高，也可以尝试更换句式进行创编，例如"我看见，露珠在××××"。中班幼儿诗歌的仿编可以通过变换词构成句子的变化，从而影响诗歌的整个画面。

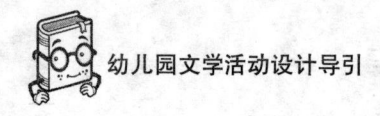

7. 幼儿游戏

教师可尝试组织幼儿玩"我来藏你来找"的游戏，教师把事先准备好的物品藏在活动室中（不能太隐秘），让幼儿去找，找到后用句式告诉老师和同伴"×××藏在×××"，如"小球藏在窗帘后"，进一步掌握和运用诗歌句式，积累优质的文学语言。

建议课时数：

2课时。

中 班

理 发

树妈妈也要理发

不过每年只理一次

秋天一到

风姐姐拿着剪刀

"咔嚓""咔嚓"给树妈妈理发

请你竖起耳朵仔细听一听

"簌簌""簌簌"

树妈妈的头发

轻轻地轻轻地

飘落在山林

飘落在村落

飘落在校园的小径……

赏析：

秋天到了，树叶变黄了，落叶在秋风的吹拂下，轻轻地飘落大地。在成人的眼里，这是习以为常的自然现象。可在孩子的世界里，一切事物都是有生命的。这是儿童特有的思维，全诗充盈了浓浓的童趣，符合儿童的欣赏心理、儿童的思维方式。这样的作品，儿童才会喜欢、接受。可见，儿童诗需要的正是这种趣味性。诗中的情趣来自儿童独特的审美心理，充满稚气。

教学建议：

1. 创设情境，师幼讨论导入

教师导语：小朋友，你们去过理发店吗？理发师是怎么理发的？今天理发店来了一位很特别的客人，这位客人每年只理一次头发，而且只在秋天理发，让我们一起来听一听、看一看这位客人是谁。

2. 感知欣赏散文

教师播放秋天落叶的幻灯片，有感情地生动地朗诵诗歌，注意用轻柔细腻的声音朗诵诗句"轻轻地轻轻地飘落在山林，飘落在村落，飘落在校园的小径……"，将幼儿带入秋风轻轻吹落树叶、金叶落满地的诗歌意境。

3. 师幼讨论，幼儿初步理解诗歌

教师提问：

①是谁要理发？树妈妈每年什么时候理发？

②理发师是谁？风姐姐是怎么给树妈妈理发的？

③树妈妈的头发飘落在哪些地方？飘落的时候发出了什么声音？

幼儿与同伴自由扮演理发师风姐姐和树妈妈，模仿风姐姐拿剪刀理发的动作和发出的声音，增加诗歌学习的趣味性，在操作与自主交流中，感知理解拟声词"咔嚓""簌簌"。

4. 再次欣赏诗歌

教师第二次朗诵诗歌，组织幼儿围绕主题讨论，加深对诗歌的理解。教师提问："为什么树妈妈每年只在秋天理一次头发？树妈妈的头发还会飘落在什么地方？"幼儿尝试用句式"飘落在××飘落在××飘落在××"进行表述，感知排比句的运用。幼儿自由结伴交谈，教师参与幼儿的谈论，并邀请幼儿进行分享。

5. 音乐游戏环节

教师先引导幼儿思考：树妈妈的头发是怎样飘落下来的？请个别幼儿进行示范，然后教师播放轻音乐，幼儿扮演树叶随着音乐自由舞动，当音乐停时，幼儿以自己喜欢的姿势"飘落"在一个舒适的地方。游戏可以先分组再集体进行，教师提醒幼儿不能碰撞和压倒在同伴身上。

6. 幼儿朗诵诗歌

教师根据幼儿的能力水平，可组织幼儿进行不同方式的朗诵。

①幼儿分组分段朗诵。教师把诗歌分成若干段，幼儿分组朗诵，减轻幼儿记忆的负担，提高参与朗诵的兴趣。

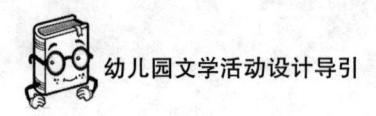

②填词朗诵：树妈妈也要_____，不过每年_____，秋天一到，风姐姐_____。

③配动作朗诵。幼儿朗诵时可以根据自己的理解配上相应动作。

7.师幼评价

教师设问，幼儿对诗歌进行评价，问题可以设计如下：你喜欢这首诗歌吗？最喜欢哪一句？哪个词？为什么？如果给诗歌取个名字，你会起什么名字？

建议课时数：

2课时。

中班

我是三军总司令

鸟妈妈问我：

小鸟哪儿去了？

我说：小鸟做了我的飞机。

龟妈妈问我：

小龟哪儿去了？

我说：

小龟做了我的坦克。

鱼妈妈问我：

小鱼哪儿去了？

我说：

小鱼做了我的军舰。

三位妈妈一起问我：

你是谁？

我说：

我是海陆空三军总司令。

赏析：

这首童话诗采用拟人与比喻的修辞手法，把"小鸟"比作"飞机"、把"小龟"比作"坦克"、把"小鱼"比作"军舰"，通过角色对话的方式巧妙地渗透了海陆空三军的知识，既具有童话般的色彩，又含有知识性，非常适合幼儿阅读与学习。三位"妈妈"的问话，洋溢着温馨的母爱之情，"我"的回答铿锵自豪，全诗回荡着饱满的爱国热情。诗歌的前三节都是采用一问一答的结构，便于幼儿理解与记忆，同时也能开启幼儿想象的大门，仿照诗歌结构仿编，体验仿编的乐趣和成就感。

教学建议：

1. 活动前的知识准备

幼儿对海陆空三军的知识储备不足，了解较少，在活动开展前，教师可以组织幼儿到当地的展览馆或科学馆参观了解，开展一次科学活动。

2. 谈话导入

教师导语：小朋友，你们还记得海军、空军、陆军是干什么的吗？谁来介绍给大家听？老师这里有一首好听的诗歌，这首诗歌写的就是海军、陆军、空军，我们一起来听听吧。

3. 幼儿欣赏诗歌

教师可以借用多媒体展示鸟、龟、鱼和军事设备的图片帮助幼儿初步记忆诗歌内容，在朗诵时注意用疑问的语气读出三位"妈妈"的疑虑，运用肯定的语气突出"我"的自豪感，尤其是最后一句"我是海陆空三军总司令"，声音一定要洪亮，用重音读"三军总司令"。

4. 幼儿初步理解诗歌

教师围绕诗歌内容设计提问，组织幼儿模仿诗歌中角色的语言和说话的语气，帮助幼儿熟悉诗歌内容。教师提问：

①诗歌中的"我"是谁？鸟妈妈是怎么问"我"的？它说话的语气是怎样的？"我"是怎么回答的？"我"说话的语气和鸟妈妈一样吗？（幼儿模仿鸟妈妈和"我"说话的语气。）

②龟妈妈是怎么问"我"的？"我"是怎么回答的？（幼儿模仿龟妈妈和"我"说话的语气。）

③鱼妈妈又是怎么问"我"的？"我"又是怎么回答的？（幼儿模仿鱼妈妈和"我"说话的语气。）

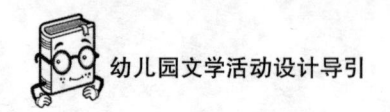

④三位妈妈一起问"我"什么？"我"是怎么回答的？"我"回答的时候是一种什么神情？（幼儿模仿"我"说话的语气和神情。）

5. 幼儿主题讨论

教师组织幼儿结伴围绕主题展开讨论，帮助幼儿掌握动物的特点，初步感知比喻的修辞手法。教师提问："为什么诗歌里把小鸟当作飞机？把小龟当作坦克？把小鱼当作军舰？"幼儿仔细观察图片，发现动物与军事装备的相同点，为后面的仿编做铺垫。教师请幼儿表演"小鸟"飞、"小龟"爬和"小鱼"游的动作，进一步体会它们与军事装备的相同点，加强幼儿对诗歌的理解。

6. 师幼朗诵诗歌

师幼分角色朗诵诗歌：第一次朗诵是教师扮演三位"妈妈"，幼儿扮演"总司令"，分角色朗诵；第二次朗诵教师将幼儿分成小鸟组、小龟组和小鱼组，请一位能力较强的幼儿A扮演"总司令"，分角色朗诵。

7. 幼儿仿编诗歌

根据图片提示，幼儿尝试仿编诗歌。

教师导语：除了小鸟能当飞机、小龟能当坦克、小鱼能当军舰外，还有哪些小动物也可以当作军事装备呢？如果你是三军总司令，你愿意用什么当你的军事装备呢？教师鼓励幼儿大胆想象，用他们熟悉的小动物象征军事武器。

教师把幼儿分成若干小组，每个小组4人，教师给每个小组分发动物图片（蜻蜓、鸭子、大象、雄鹰、猎豹等），幼儿根据图片联想相应的军事装备，尝试用诗歌的句式进行仿编，学习和运用新的语言句式。

8. 幼儿仿编展示

教师邀请幼儿展示自己小组仿编的诗歌，小组幼儿集体朗诵，师幼进行评价。

建议课时数：

2课时。

大班

如果我是一片雪花

如果我是一片雪花，

你猜，

我会飘落到什么地方去呢？

我愿飘到小河里，
变成一滴水，
和小鱼小虾游戏。

我愿飘到广场上，
堆个胖雪人，
望着你笑眯眯。

我更愿飘落在妈妈的脸上，
亲亲她，亲亲她，
然后就快乐地融化。

赏析：

冬天里看着漫天飞舞的雪花，许多孩子都会想象着自己像雪花般自由飞舞，飘到任何想去的地方。这首诗歌语言优美简洁，富有动感，既描绘了雪花自由飘舞的场景，又隐喻了雪花会融化、变成水滴的特征。诗歌结尾十分温馨，冰冷的雪花也似乎变得温暖无比。诗歌采用拟人化的手法，雪花像一个活泼调皮的孩子，到处游玩，符合孩子的心理特征，引起孩子对大自然的兴趣。

教学建议：

1. 创设情境，师幼讨论导入

教师导语：小朋友，你们见过雪吗？雪是什么样的？冬天来了，下雪啦，雪花们都想去旅游呢？今天老师带来一首好听的诗歌，我们来听听雪花都飘落到哪里去了。

2. 欣赏诗歌

教师可借助图片等与诗歌内容相关的多媒体，播放背景音乐，用舒缓、轻柔的声音，声情并茂地为幼儿朗诵诗歌，将幼儿带入雪花飞舞的诗歌意境中。

3. 初步理解诗歌

教师设计提问，帮助幼儿初步理解诗歌内容，教师提问：

①雪花一开始飘落在哪里？在小河里雪花变成了什么？它和谁游戏呢？

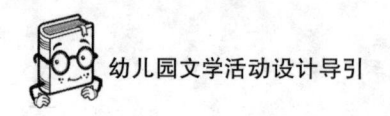

②雪花又飘落在哪里？在广场上做什么？
③雪花最后飘落在哪里？为什么它会快乐地融化呢？

幼儿可以模仿诗歌中的词汇，感知理解其含义，如"飘落""笑眯眯""融化"等，教师也可以在幼儿初步理解词汇含义的基础上，尝试运用词汇，如"还有什么东西是可以从空中飘落下来的呢？请你说一说""你什么时候会对别人笑眯眯""还有什么东西也会融化"。

4. 幼儿再次欣赏诗歌

第二次朗诵，教师可以采用不同的方式，如播放录音、动画等，当然教师也可以自制诗歌微视频，不同的呈现方式，可以激发幼儿再次听赏的兴趣。

5. 回应情境，贴雪花的旅行图

教师提问："雪花都去哪些地方旅行了？在那里做了什么？"教师出示诗歌图片（小河、广场、妈妈的脸）和雪花片，幼儿根据对诗歌内容的理解，贴画雪花的旅行图，并用自己的语言讲述，加深对诗歌的理解。

6. 朗诵诗歌

教师用图片作提示，幼儿有感情地朗读诗歌，感受诗歌的情感。
①幼儿分组朗诵。将幼儿分成4个小组，每个小组朗诵一个小节。
②幼儿集体朗诵。幼儿集体朗诵，边朗诵边根据自己的理解配上相应的动作。

7. 迁移经验，尝试仿编

教师组织幼儿思考和讨论："如果你是一片雪花，你想飘到什么地方去？"在幼儿理解诗歌内容和结构的基础上，尝试进行仿编"如果我是一片雪花，我飘落到什么地方去呢？飘到……"，幼儿体验仿编带来的乐趣。教师根据幼儿的能力程度提供图片，帮助幼儿进行仿编。

8. 展示仿编诗歌

幼儿边朗诵边用动作演示自己仿编的诗歌，体验仿编带来的成就感。

9. 师幼评价

幼儿在教师的引导下，学习评价诗歌。

教师提问："你喜欢雪花吗？你觉得诗歌中的雪花是怎样的一片雪花？你最喜欢诗歌的哪一句/哪一部分？为什么？"

10. 绘画诗歌情境

教师组织幼儿用绘画的方式把诗歌中自己喜欢的部分画下来，并与教师、同伴分享。

教师导语：你喜欢这首诗歌吗？最喜欢诗歌的哪个部分？为什么？请你把你喜欢的这个情境画下来。

建议课时数：

2～3课时。

大班

春天

春天是一本
彩色的书——
黄的迎春花，
红的桃花，
绿的柳叶，
白的梨花……

春天是一本
会笑的书——
小池塘笑了，
酒窝圆又大；
小朋友笑了，
咧开小嘴巴……

春天是一本
会唱的书——
春雷轰隆隆，
春雨滴滴答，
燕子唧唧唧，
青蛙呱呱呱……

赏析：

春天是美丽的，春天是浪漫的。描写春天的儿童诗也很多，但《春天》这首

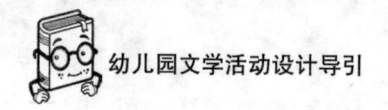

儿童诗有其独特的新颖性，诗人把春天比喻成一本彩色的书、一本会笑的书、一本会唱的书，这是多么优美、新颖的比喻呀；春天是会笑、会唱的书，又是多么奇特的拟人化的描述，符合幼儿的心理特征和奇特的想象力，把幼儿带进一个充满想象的春天世界。全诗三个小节的开头结构相似，形成了排比。诗歌中，比喻、排比、拟人的运用，增强了诗歌的艺术性。而诗歌的韵脚取"a"韵，读起来顺畅、一气呵成；又以近似于反复吟诵的手法，使全诗形成了回环辗转的旋律，更增强了音乐性。

教学建议：

1. 活动准备

在开展教学活动前，教师可组织幼儿出游或让家长带着孩子踏春，使幼儿对春天有初步的感知，也为本次语言教育活动做好感性知识铺垫。

2. 提问导入

教师通过提问引出主题内容，如"春天悄悄地来了，你发现了什么？"教师把幼儿的回答记录在白板上，并进行分类，如"所看到的""所听到的""所感受到的"等，便于幼儿理解诗歌内容和结构。

3. 欣赏诗歌

教师播放背景轻音乐，借助多媒体课件，有节奏地朗诵诗歌，营造音乐韵律感，让幼儿感受诗歌中春天清新的意境以及春天来临的喜悦感。

4. 理解诗歌

教师借助图片提问，幼儿初步理解诗歌内容：
①春天是一本彩色的书，书里有哪些花？
②春天是一本会笑的书，谁笑了？小朋友是怎么笑的？
③春天是一本会唱的书，都有谁在唱歌呢？

教师引导幼儿用肢体语言表达对诗歌内容的理解，如用手指比画花和柳叶的造型，模仿小池塘和小朋友的笑，模仿动物发出的声音，等等。幼儿在动手、动嘴、动脑的过程中获得直接经验，利用具体的肢体动作理解抽象的词汇也是幼儿与文学作品相互作用的有效途径。

5. 幼儿朗诵

幼儿分组（彩色的书组、会笑的书组和会唱的书组）朗诵，幼儿自主地给诗歌配上相应的动作，边朗诵边做动作，加深对诗歌内容的理解，进一步体验诗歌的意境与情感。例如：

彩色的书组：春天是一本彩色的书……
会笑的书组：春天是一本会笑的书……
会唱的书组：春天是一本会唱的书……

6. 绘画春天

幼儿在了解诗歌内容的基础上，用绘画的方式描绘诗歌中自己最喜欢的情景。

教师导语：春天是一本有趣的书，你最喜欢哪一本书？为什么？试试把它画下来。

7. 迁移经验，仿编诗歌

教师根据幼儿的能力水平，尝试让幼儿仿编诗歌，可以采用诗歌的比喻"春天是一本××的书"，幼儿也可以根据个人生活经验创编新的比喻，如"春天是一支神奇的魔法棒……"。大班幼儿的欣赏和仿编水平有所提高，因此大班幼儿的诗歌仿编，在结构上的限制可以相对少一点，允许幼儿想象和用语言进行创造的余地更为广阔。

8. 师幼评价

幼儿在教师的引导下，学习评价诗歌。

教师导语：你喜欢春天吗？最喜欢在春天里做什么事情？你喜欢这首诗歌吗？为什么？最喜欢诗歌中的哪一部分？最欣赏哪个词？

建议课时数：

2课时。

大班

虫和鸟

把妈妈洗好的袜子，
一只只夹在绳子上，
绳子就变成了一只多足虫，
在阳光中爬来爬去。
我把姐姐洗好的小手帕，
一只只夹在绳子上，

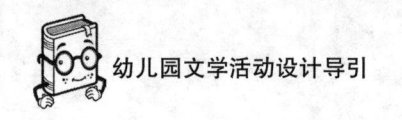

绳子就变成一群白鹭鸶，
在微风中飞舞。

赏析：

儿童诗是写给孩子看的诗，是"浅语的艺术"。这一特点决定了儿童诗所抒发的情感，都不会像成人诗歌那么丰富和深刻。这首诗歌把源于生活的想象，巧妙地构思成一首小诗。同时，让幼儿体会到洗衣服也是一件非常有趣的事，增加了干家务活的兴趣。

教学建议：

1. 活动准备

在教学准备中，教师对活动室进行环境布置，拉两条晾衣绳，准备一盆袜子和小手帕。

2. 谈话导入

教师导语：你帮妈妈做过家务活吗？做过哪些家务？你会不会帮忙晾衣服？在师幼讨论后，教师请幼儿把盆子里的袜子和小手帕夹在晾衣绳上，并请幼儿谈谈刚才老师是如何夹袜子和小手帕的，帮助幼儿熟悉句子"一只只夹在绳子上"。

3. 幼儿观察与想象

教师引导幼儿观察晾好的袜子和小手帕，引发幼儿的想象。教师提问："这两条绳子看起来像什么？"教师在幼儿讲述的基础上，引导幼儿学习用句式"绳子就变成了……"进行描述。

4. 欣赏诗歌

教师可以运用多种方式朗诵诗歌，教师先利用准备好的道具，一边演绎一边朗诵，既形象生动，又能让幼儿感受诗歌的语言美和趣味，教师再结合态势语和相关图片再次朗诵诗歌，帮助幼儿理解"多足虫"和"白鹭鸶"，给幼儿提供更大的想象空间。

5. 理解诗歌

教师呈现图片，提问：

①我把妈妈洗好的袜子夹在哪里？绳子变成了什么？

②我把姐姐洗好的手帕夹在哪里？绳子又变成了什么？

幼儿用动作模仿多足虫和白鹭鸶，以便更好地理解诗歌内容。

6. 游戏环节

教师把幼儿分成袜子组和手帕组，播放节奏明快的背景音乐，两组幼儿进行比赛，幼儿轮流上来夹袜子和手帕，哪个小组夹得又快又好，该小组就胜出，幼儿分享参与游戏的心情，体验做家务的快乐。

7. 分组朗诵诗歌

同样是把幼儿分成袜子组和手帕组，分组朗诵诗歌。

袜子组：把妈妈洗好的袜子，一只只夹在绳子上……

手帕组：我把姐姐洗好的小手帕，一只只夹在绳子上……

8. 迁移经验，仿编诗歌

教师引导幼儿结合自身生活经验对诗歌进行仿编。、

教师导语：夹在绳子上的袜子和手帕，看起来还像什么？如果绳子上晾的是裤子，绳子又会变成什么呢？

9. 升华主题

教师导语：你还帮妈妈做过哪些家务？你发现在做家务的过程中有哪些乐趣？

10. 幼儿绘画

幼儿将诗歌中的情境，通过想象加工画下来，并与教师、同伴分享。

建议课时数：

2～3课时。

大班

欢迎小雨点

来一点，
不要太多。
来一点，
不要太少。
来一点，
泥土咧开了嘴巴等。

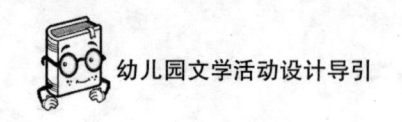

来一点
小菌们撑着小伞等。
来一点
小荷叶站出水面等。
小水塘笑了，
一点一个笑窝。
小野菊笑了，
一点敬一个礼。

赏析：

诗歌分为三个小节，以可爱俏皮又善解人意的小雨点为主角，描绘了春雨滋润万物的欢乐和谐的情境。小雨点的可爱和可贵，就在于它的"不多"和"不少"，来一点，来一点，滋润着大地，滋润着万物。诗歌采用拟人和排比的修辞手法，将诗中的小蘑菇、小荷叶、小水塘、小野菊，描画得姿态各异，形成一幅幅灵动可爱的图画。这样的诗，适合幼儿读读、画画，让幼儿感受"诗中有画、画中有诗"的美妙境界。

教学建议：

1. 视频观赏导入

教师播放春天下雨的视频，幼儿在观赏中感受春雨滋润万物的情景。教师导语：在刚才的视频中，你看见了什么？春雨落在了哪里？

2. 游戏体验感知

教师播放轻快的音乐，幼儿扮演小雨点，模仿小雨点自由跳跃，当音乐停止时，幼儿在原地定住不动，教师逐个采访：请问这个小雨点落在了哪里？为什么要落在这里？

3. 感受欣赏诗歌

教师利用图片有感情地朗诵诗歌，幼儿在听赏诗歌时，能借助具体形象图片，初步感知词汇"咧开""小菌""笑窝"等。朗诵前，教师提问："今天我们班也来了一群小雨点，你们猜猜来了多少小雨点？它们落在了哪里？我们一起来听听。"教师的提问一方面激发幼儿听赏的兴趣，另一方面使幼儿带着疑问欣赏诗歌，可以提高幼儿有意识倾听的能力。

4. 理解诗歌第一节

教师提问:"小雨点来了多少?为什么只是来一点,不要太多?太少可以吗?为什么?"

教师可以出示大暴雨淹没稻田和田地干旱的图片,幼儿感知小雨点来得"太多"或"太少",都会带来麻烦,理解"太多""太少"词汇里暗含的情感,教师引导幼儿结合动作、表情等朗诵诗歌第一节,掌握"来一点"的意义。

5. 理解诗歌第二、三节

教师再次朗诵诗歌,幼儿围绕主题讨论:小雨点来了,泥土怎么迎接它?小菌们呢?还有谁?小荷叶怎么迎接它?小水塘和小野菊是怎么笑的?它们的心情怎么样?

教师为幼儿创设与同伴交流的机会,幼儿在讨论中,回忆诗歌内容和诗歌意境,感受万物对春雨的期盼,幼儿也可以在交谈中自由地模仿诗歌中角色的动作和神情,当然教师也要参与幼儿的交谈。

6. 表演诗歌,进一步熟悉诗歌内容

教师朗诵诗歌,幼儿根据自己的理解,展开想象,自由地进行动作表演。

7. 学习朗诵诗歌

教师组织幼儿分组表演朗诵诗歌,每个小组朗诵一节诗歌,边朗诵边配上适当的动作。

8. 学习仿编诗歌

教师单独朗诵诗歌第二节,提问:"你们发现老师刚才朗读的句子有什么特点?还有谁也在等待着春雨呢?它是怎么等待的?"幼儿观察教师出示的图片,展开想象,尝试用句子"来一点,……等"仿编诗歌。

9. 评价与分享

教师将幼儿仿编的诗歌,替代诗歌原有的第二节,带领幼儿进行集体朗诵,幼儿感受仿编带来的成就感。

10. 迁移经验,升华主题

幼儿为诗歌中的角色增加独白。

教师导语:你最喜欢诗歌里的谁?它喝了清甜的春雨,心情怎么样呢?如果你是它,这个时候你会说什么?春雨滋润着花草树木,给大地带来了勃勃生机,大家都热情地迎接它,真诚地感谢它。

11. 幼儿绘画

教师也可以组织幼儿开展美术延伸活动,将诗歌中的自己感受到的画面画出来。

建议课时数:

2 课时。

课后拓展与练习

①请根据你对儿歌与幼儿诗的了解,分析两者的区别。

②请具体分析以下幼儿诗所使用的艺术手法,并根据诗歌的特点,设计多种朗诵的形式,在班上与同学进行朗诵表演。

四季小娃娃

草芽儿尖尖,
它对小鸟说:
"我是春天。"

荷叶儿撑伞,
它对青蛙说:
"我是夏天。"

谷穗儿弯弯,
它鞠着躬说:
"我是秋天。"

雪人儿大肚子一腆,
它顽皮地说:
"我就是冬天!"

第四章 幼儿散文的设计与组织

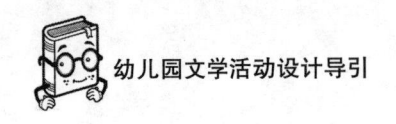

第一节　幼儿散文的特点及朗诵要求

一、幼儿散文的特点

1. 内容贴近幼儿的生活，传达幼儿的真情实感

幼儿散文是散文的一个分支，它站在幼儿的视角，选择贴近幼儿生活的各个方面的内容，以优美、凝练、生动的文学语言抒写幼儿的精神世界、生活世界，传达幼儿的真情实感。例如，散文《小太阳》描述了"我"陪姥姥晒太阳、一起吃橘子的充满生活气息的场景，祖孙间的对话流露了真实动人的情感。散文是最自由的文体，不讲究音韵，不讲究排比，没有任何束缚及限制。散文的写作可以将叙事、描写、抒情、议论融于一体，记人叙事、状物写景，挥洒自如，因此，散文的"散"除包含无音韵、格律限制的语言外，主要是指叙述、描写、抒情、议论等的灵活运用。散文虽形散而神不散，散文的文字材料是由一个内在的结构线索串联起来的，与散文的中心思想密切联系。例如散文《圆圆的春天》：

小蜻蜓，尾巴尖，弯弯尾巴点点水……
小蜻蜓做什么，我给春天灌唱片！
青蛙唱"呱呱"，雨点敲"叮咚"，活泼可爱的鱼娃娃，跳起水上芭蕾舞……
灌呀灌，灌好了：圆圆的池塘，圆圆的唱片，圆圆的春天。

散文抓住了蜻蜓点水，引起阵阵涟漪的动态景物，展开丰富的联想，从一问一答中，引出唱歌的青蛙、奏乐的雨点和跳芭蕾舞的鱼娃娃。这些形象鲜活热闹，也是幼儿生活中所熟悉的，虽然描绘的景物多，但均紧紧地围绕"圆圆的"春天这条主线，始终以"我"的所见所闻进行描绘，没有脱离主线。

2. 构思巧妙，意境优美，充满幼儿的想象

与幼儿诗相同，幼儿散文也追求意境美。幼儿散文构思巧妙，意境简明优美，

充满幼儿的想象。散文通过描绘具体可感的形象来营造这种优美的意境,这些形象通常是活灵活现、具体逼真,相互之间又有着内在联系的,与散文所表达的主题、情感交汇,引发幼儿的联想,达到情与景、"物"与"我"交融的艺术境界。例如散文《池塘音乐会》:

太阳公公威风了一天,静静地睡着了,绿色的池塘热闹起来。
"呼呼呼",风娃娃哼着一首凉爽的歌,轻轻地跑来了。
"沙沙沙",池塘边的柳条在晚风中摇晃,好像在给风娃娃伴舞。
"呱呱呱",小青蛙跳上荷叶,张开大嘴巴唱起了欢乐的歌。
"哗哗哗",清清的池塘水微笑着,它泛起波浪,好像在给小青蛙伴舞。
"曜曜曜",小蟋蟀们蹦上草尖,齐声高唱。
"噗噗噗",池塘里的小鱼儿吹着水泡泡,摆动花尾巴,好像在给小蟋蟀们伴舞。
夏天的池塘凉快又热闹,好像在开音乐会。

风吹柳摇,青蛙、蟋蟀在池塘边上鸣叫,小鱼在小溪里自由游动……这本是夏天夜晚常见的景象,也是幼儿们熟悉的场景,这些场景在散文中被艺术化、形象化了。散文运用了拟人的修辞手法以及重复的拟声词,塑造了灵动逼真、鲜明可感的散文形象,如哼着歌的"风娃娃"和给风娃娃伴舞的"柳条"、唱着歌的"小青蛙"和给小青蛙伴舞的"池塘水"、高唱的"小蟋蟀"和给小蟋蟀伴舞的"小鱼儿",看似没有关联的事物因为"音乐会"这一主题融为一体,透着浓郁的夏天气息,与幼儿渴望在夏天里嬉戏游玩的心情相辉映,营造了一种欢快、自由、优美的意境。

3. 语言明丽清纯,渗透幼儿的情趣

散文统称美文,优美的语言是吸引幼儿阅读的重要因素。对于幼儿散文而言,一方面必须用散文的语言来表情达意,另一方面要充分考虑它作为美文对幼儿的语言熏陶。因此,优秀的幼儿散文,其语言首先必须是幼儿化,便于幼儿理解与欣赏的,其次语言要明丽清纯,透着幼儿的情调与趣味:明丽,即明净、美丽;清纯,即清澈、纯真。幼儿在阅读散文时,便能在字词句间流连忘返,在优美的语言氛围中获得美的享受和启迪。例如散文《春娃》:

春天是个娃娃,喜欢图画,又喜欢音乐。

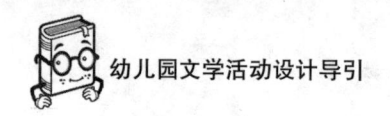

他走过树林,给树林涂上嫩绿色;走过小溪,教会小溪唱歌。

今年,春娃来了,看见我们,高兴极了。他说:"你们都长高了。"

我们问:"是吗?"

他说:"真的,你们比去年高多了!明年我来的时候,你们一定长得更高了。哎呀,十年以后,你们都是小伙子、大姑娘了。可是我,还是个娃娃。"

描写春天的文学作品不在少数,这篇散文从一个独特的视角出发,运用拟人的艺术手法,把春天写作一个娃娃,它"喜欢图画""喜欢音乐",每走过一个地方便给大地带来春意,语言清新优美纯真,字里行间洋溢着童话的色彩。春娃与小朋友的对话,既充满童真童趣,迎合幼儿的审美心理,又将时光流逝带来的成长蕴含其中,描写与议论融为一体,使小读者在享受语言美、意境美的同时得到启发。

二、幼儿散文的朗诵要求

幼儿散文主要以真实地再现生活来抒发作者的主观感受,抒情性强,在表达上应有生活化的口语感。

1. 挖掘散文的主题,感情真实

教师朗诵时须向幼儿再现散文中倾注的情感,充分表现作品中的人格意象,感情真实。因此,朗诵前教师首先要分析散文的结构、形象的特点、语言的风格,挖掘并用心体会散文的主题,由一个旁观者变为一个当局者,亲近散文中的人、事、物,充分调动想象力,在脑海中营造散文的意境。在这种意境下,有感情的散文朗诵自然水到渠成,朗诵时教师自己的感情色调、态度等与散文就能做到相一致了。散文朗诵的基调是平缓的,没有太大的起伏。例如散文《很轻很轻》:

妈妈走路的时候,很轻很轻;

妈妈说话的时候,很轻很轻;

妈妈笑起来的时候,也很轻很轻。

晚上,我和妈妈睡在一起,妈妈讲的故事就像一片云,轻轻地、轻轻地盖在我身上,我很快就睡着了。

有时候半夜里刮大风,打响雷,妈妈的声音更轻更轻,轻得好像让风声雷声也变轻了,变远了,我就不再害怕。

雷公公东看看,西瞧瞧,以为我家没有人呢,就去找那些吓哭了的孩子和那些大声骂孩子的妈妈。

而我，在妈妈很轻很轻的歌声里又睡着了，还做了一个梦，梦见妈妈变成一朵雪花在空中轻轻地飘……

散文描写了在"走路""说话""笑起来""讲故事""唱歌"都很轻很轻的妈妈，突显了妈妈在照顾"我"的过程中的细心、温柔和爱意，字里行间透着幸福、喜悦的情感。朗诵时应声音轻柔，语速适中，尤其是最后一段，语速要渐慢渐轻，将情感升华。

2. 根据散文语言特点，调整表达的方式

如上文所述，散文将叙事、描写、抒情、议论融于一体，相辅相成，在一篇散文中，也许既有叙事、描写，又有抒情、议论，显得生动、明快，朗诵时应对不同语体风格区别处理。叙述性语言的朗诵要语气舒展，声音明朗轻柔，娓娓动听；描写性语言要生动、形象、自然、贴切；抒情性语言要自然亲切、由衷而发；议论性语言要深沉含蓄。朗诵者应把握文章的语言特点，处理好语气的高低、强弱与节奏的快慢、急缓，力求真切地把作者的"情"抒发出来，把握"形散神聚"的特点。例如金波的《油菜花》：

春天。田野上盛开着一畦畦油菜花。

阳光下，油菜花闪着耀眼的光，像一盏盏点亮的灯花。无论谁看了，都会眯起眼睛说："多么亮的油菜花啊，花瓣儿就像金子做成的！"

小蜜蜂飞到油菜花丛里，它采花酿蜜，一天到晚，忙个不停。你看，在油菜花丛里劳动过的小蜜蜂，一只只全染上了金黄色。

小蜜蜂告诉我："今年的油菜籽一定会丰收的。"

我告诉小蜜蜂："因为我们洒下了亮晶晶的汗水啊！"

散文描述了春天生机勃勃的油菜花田，前两段是描写，宜用自然生动的语调朗诵，将阳光下正盛情开放的像金子般的油菜花呈现出来，用声音营造浪漫优美的意境，后三段是叙事，朗诵时宜用欢快、热情的声音，表现小蜜蜂在花田采蜜的忙碌场面。

三、幼儿散文学习的意义与目标

散文的表现形式灵活多样，联想丰富自由，给幼儿提供了与其他文学类型截

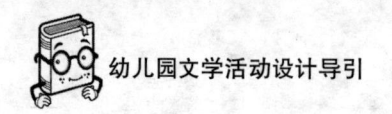

然不同的文体形式。散文构思巧妙，形象具体可感，意境优美，可引发幼儿的想象，发展幼儿的想象力与创造力。散文所表达的情感纯真美好，幼儿可在散文优美、明丽、清纯而又幼儿化的语言氛围中积累优质语汇，获得美的享受和启迪。

以下年龄段目标参考《3—6岁儿童学习与发展指南》以及由周兢教授编著的《学前儿童语言学习与发展核心经验》《幼儿园语言教育活动指导》整理而成，仅供读者参考。

1. 小班

①初步感受散文的特点。

②在成人的引导下，通过动作、语言等方式理解散文中所描绘的主要人、事、物或景。

③在成人的引导下，初步学习朗诵散文。

④在散文原有画面的基础上，能通过替换字词的方式仿编散文中的一句。

2. 中班

①进一步感受散文的特点。

②知道散文中所描绘的各个画面的内容与意境。

③通过绘画、表演等方式表达对散文内容的理解。

④在成人的引导下，能运用多种方式朗诵散文段落。

⑤在散文原有结构的基础上，通过替换词汇仿编散文语句，改变散文原有的画面。

3. 大班

①能够理解散文不同情景画面之间的联系。

②在理解散文画面情景的基础上，理解散文主题，感受散文的情感脉络。

③能够辅以动作自主朗诵散文段落。

④能够仿照散文的框架，仿编散文段落。

⑤初步感受散文作品中文学语言的美。

第二节　幼儿散文作品的赏析及教学建议

> 小　班

小雨点

小雨点排着队，唱着歌，从天上跳下来。
跳到屋顶上，哎呀呀！小雨点把屋顶当成了滑梯；
跳到树叶上，哎呀呀！小雨点把树叶当成了滑梯；
跳到我的雨伞上，哎呀呀！小雨点把我的雨伞也当成了滑梯。

赏析：

散文意境优美，运用了排比的句式，语言简洁有规律，便于幼儿理解，语气词"哎呀呀"的运用，增加了散文的趣味性和节奏感。散文以拟人的修辞手法描绘了淘气的小雨点从天空跳下来，把跳落的地方都当成了滑梯的有趣场景，非常贴近幼儿的真实生活；运用比喻的修辞手法将屋顶、树叶、雨伞比作滑梯，丰富有趣的想象力激发了幼儿学习的兴趣，具有一定的启发性；整齐的排比句有利于幼儿进行仿编，开发幼儿的想象力，提高幼儿的语言创造能力。

教学建议：

1. 创设情境

教师播放本班幼儿在幼儿园玩滑梯的照片，调动幼儿的生活经验，并提问：老师经常和小朋友们一起去玩滑梯，滑梯好玩吗？今天，小雨点也来咱们幼儿园玩滑梯了，我们一起来听听小雨点是怎么玩滑梯的。

2. 欣赏与理解

教师播放幻灯片，用轻巧、欢快的语调朗诵诗歌，引导幼儿欣赏散文。
教师出示散文的图片，提问：
①这篇散文有趣吗？小雨点从哪里跳下来？小雨点是怎么来的？

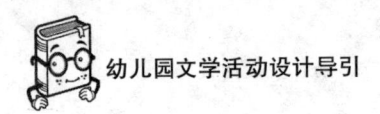

②小雨点先跳到哪里？哎呀呀，它把屋顶当成了什么？

③小雨点还跳到了哪里？哎呀呀，它又把树叶当成了什么？

④最后小雨点跳到哪里了，哎呀呀，小雨点把"我"的雨伞当成了什么？

3. 幼儿再次欣赏散文

教师第二次朗诵散文或者播放散文的动画视频，引导幼儿进行观察与思考：为什么屋顶、树叶、雨伞可以成为小雨点的滑梯呢？教师和幼儿共同观察图片，鼓励幼儿大胆表达自己的看法，从而发现三者的共同点，了解滑梯的特点，为后面的仿编作铺垫。

4. 师幼共同朗诵散文

基于小班幼儿的记忆能力水平，教师可采用填词的方式组织幼儿朗诵，如下所示：

小雨点排着队，_____，从_____跳下来。

跳到屋顶上，_____！小雨点把_____当成了滑梯；

跳到树叶上，_____！小雨点把_____当成了滑梯；

跳到我的雨伞上，_____！小雨点把_____也当成了滑梯。

当幼儿熟悉散文内容时，教师可以改用接龙的方式朗诵，教师朗诵前半句，幼儿朗诵后半句，逐步帮助幼儿熟悉和理解散文内容。

5. 尝试仿编

教师先出示图片（如小雨点落在花瓣上），提问："你们看看小雨点还跳到哪里了？小雨点跳到花瓣上，它把花瓣当成了什么？"如果幼儿不能仿编，教师可以做示范，或者邀请语言表达能力较强的幼儿作示范，如"跳到花瓣上，哎呀呀，小雨点把花瓣当成了滑梯"，教师再出示2～3张图片，提供机会给幼儿练习仿编。

6. 尝试评价

教师提问，引发幼儿对散文的评价，如你喜欢小雨点吗？为什么？你最喜欢散文中哪一句呢？

7. 角色扮演

幼儿扮演小雨点，排着队，和教师一起随着音乐跳动。

建议课时数：

2课时。

中班

微笑

小鸟说："只要我醒着，我随时愿意为朋友唱歌。"

大象说："只要我醒着，谁有干不动的活，我随时就到。"

小兔说："只要我醒着，我愿意为朋友送好消息。"

大家都在为朋友干些什么，小蜗牛好着急，它整天背着个沉重的壳在地上慢慢地爬，别的什么也干不了。

一天下午，一群蚂蚁正忙着搬东西，它们从蜗牛身边走过，小蜗牛友好地向它们微笑。

一只蚂蚁说："小蜗牛，你的微笑真甜！"

"对呀，我可以对朋友们微笑！"小蜗牛有了新想法。

第二天，小蜗牛把厚厚一叠信交给小兔，让它给森林里的每一个朋友送去。朋友们拆开信，里面是一张画，画的是一只正在甜甜微笑的小蜗牛，画的下面还有一行小字："当你觉得孤单或是不开心的时候，请记住你的朋友小蜗牛正在对你微笑！"

森林里的朋友都说："小蜗牛真了不起，它把微笑送给了整个森林！"

赏析：

这是一篇童话性散文，散文意境优美，童趣浓郁，描写了森林里动物们相互关爱的情境，散发着浓浓的友谊之情。散文运用排比的手法描述了动物们的对话。森林里的小动物们相互支持、相互帮助，令人感动。这个题材有利于幼儿正确地认识自己、正确地建立一种积极的人际互动关系，有利于他们良好个性的形成。

教学建议：

1. 创设情境导入

教师创设情境：小朋友们，你们有没有收过别人寄给你的信？今天，森林里的小动物们都收到了一封小蜗牛的信，小动物收到信都开心地笑了，你们猜猜这封信写的是什么？我们一起来听听小蜗牛的故事。

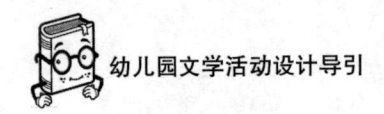

2. 欣赏与理解

教师利用幻灯片讲述散文内容，通过提问，幼儿初步理解散文内容。幼儿通过观察与讨论图片（小鸟、大象、小兔），先理解三种动物所说的话，了解动物们的长处。教师指导语：

①小鸟说了什么？小鸟为什么愿意为朋友唱歌？

②大象说了什么？大象的长处是什么？

③小兔子又说了什么？小兔子的长处是什么？

④每个动物都有自己的长处？小蜗牛有没有自己的长处？

3. 再次欣赏

教师提问，幼儿理解散文后半部分：

①小蜗牛的长处是什么？它是怎么发现自己甜甜的微笑的？小蜗牛有了什么新想法？

②小蜗牛给森林里的每个朋友都送了一封信，信里画了什么？写了什么字？

③为什么森林里的朋友们都说小蜗牛真了不起呢？

教师打开自制的小蜗牛的信，与幼儿一起看信、读信，幼儿设身处地地感受小蜗牛的微笑和小动物们的喜悦。

4. 尝试仿编

散文内容较长，前半部分以排比句的形式描述三种动物的长处，幼儿可以仿编散文这一部分。

5. 尝试创编

教师引导幼儿挖掘自身的优点，用句式"我会……我愿意……"进行创编，实现作品和自身经验的双向迁移，幼儿初步感知发挥自身优点帮助他人的快乐。

6. 绘画自画像

教师出示表情卡，幼儿观察比较各种表情卡，体验微笑或快乐的情绪带来的愉悦感，并模仿小蜗牛，用绘画的方式画下自己开心的自画像，送给同伴、爸爸妈妈或者老师等。

7. 角色扮演

教师也可以组织幼儿进行角色表演，进一步理解作品内容。

8.尝试评价

教师设问，与幼儿一起对散文进行评价：你喜欢这篇散文吗？你最喜欢散文中的谁？为什么？如果给散文起个名字，你会起什么名字？

建议课时数：

3课时。

中班

荷叶

荷叶儿伸出水面，顶着一片蓝蓝的天。

蜻蜓飞来了，高兴地说："这是我的机场。"

青蛙跳上去，高兴地说："这是我的唱片。"

鱼儿游过来，高兴地说："这是我的雨伞。"

滴滴答答，真的下雨了，我把荷叶当斗笠，顶着雨跑回家了。

奶奶取下荷叶，高兴地说："多香的叶儿啊！"

一会儿，奶奶让我吃叶儿粑，那粑粑就是用荷叶包的，清香绵软，真好吃！

哇，打嗝都有一股荷叶味儿……

赏析：

虽然这首散文的情节和讲述比较简单，但是其中却有很多值得回味和深思的地方。如几种动物对荷叶的描述，既体现了动物的特点，又符合幼儿的想象，运用同样的句式，提高了作品的可阅读性，增加了作品的趣味性和节奏感。"把荷叶当斗笠，顶着雨跑回家"是多少孩子的愿望。读到这里，仿佛看到了孩子满足快乐的笑脸，听到孩子的笑声，幼儿会产生强烈的共鸣。作品的结尾温馨美好，呈现浓浓的生活气息。一片荷叶有那么多用途，也暗示这世界上每样东西、每个人都有自己独特的价值。

教学建议：

1.创设情境导入

教师出示荷叶的图片，用谈话引出话题，激发幼儿的学习兴趣："夏天到了，荷花盛开了，水面上飘着一片片大荷叶。你见过荷叶吗？荷叶看起来像什么？"引导幼儿展开想象，大胆地讲述自己的想法。

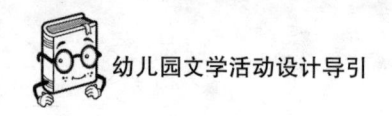

2. 师幼讨论

教师引导幼儿思考与讨论：如果小蜻蜓、鱼儿、青蛙有一片荷叶，它们会用来做什么？如果你有一片荷叶，你又会用来做什么？

幼儿围绕问题讨论："蜻蜓飞来了，它说了什么？为什么说荷叶是蜻蜓的机场？青蛙说了什么？为什么荷叶是青蛙的唱片？鱼儿说了什么？为什么荷叶是鱼儿的雨伞？荷叶是怎么做斗笠的呢？奶奶用荷叶包了什么？"

教师对比进行总结：荷叶的用处有那么多，一片简单的荷叶并不简单。

3. 欣赏与理解

教师借助挂图或图画书朗诵散文，要注意用不同的声音演绎散文中的不同角色，烘托散文你的情景氛围，让幼儿感受散文的语言美。

4. 角色扮演

教师播放音乐，一位幼儿独白，五位幼儿扮演散文中的角色，将散文中的情境再现，加深幼儿对散文情境的感受和理解。幼儿可以分批表演，教师从参与表演到逐步放手让幼儿独立表演。

5. 尝试仿编

教师提问："如果小鸟飞过来了，它会说什么呢？还会有什么动物过来，他们会说什么？"幼儿可以沿用散文中的句式，如"小蝌蚪游过来，高兴地说：这是我的游乐场"，也可以改变句式，如"小蝌蚪游过来了，它在荷叶下玩游戏"，要允许幼儿有更丰富的想象。

6. 共同朗诵

幼儿朗诵自己仿编的散文部分，由其他幼儿进行评价，教师选择幼儿仿编的散文，带领幼儿一起配乐朗诵。

7. 尝试评价

教师设问，感受理解散文的结尾部分，幼儿对散文进行评价。

师幼讨论：奶奶用荷叶包的粑粑吃起来感觉怎么样？你觉得这是一位怎样的奶奶？你喜欢这篇散文吗？你最喜欢散文中的哪一句？为什么？如果给散文起个名字，你会起什么名字？

建议课时数：

2课时。

> 中班

太阳公公生病了

太阳公公生病了。瞧,他原来红彤彤的脸变得灰乎乎的,多难看。

小喜鹊把消息传给大家,啄木鸟医生连忙赶来了。

啄木鸟医生看了看说:"太阳公公你感冒了,要盖上被子捂一捂。"

到哪儿找一床能盖住太阳公公的大被子呢?

风姑姑吹呀,吹呀,吹来好多好多云彩,厚厚的云彩盖住了太阳公公。

太阳公公在云彩里捂呀,捂呀,捂得汗水哗哗地流下来。

云散了,天晴了,太阳公公病好了,他的脸红彤彤的,放着明亮的光芒。

赏析:

这首散文篇幅短小,想象力丰富,语言天真,音调和谐,韵律感强,蕴含天气方面的科学知识,以幼儿的视角和语气来描绘天气的多样性;以拟人的手法、形象的语言,生动地刻画了太阳的情绪的变化引起的天气状况的不同,增加了幼儿对自然界现象的探求兴趣,给孩子们带来更多的想象。

教学建议:

1. 创设情境导入

教师拿出事先准备好的一封信,说:"今天早上树林里的小喜鹊给我们班寄了一封信,我们看看信里写了什么?"教师打开信,读出信中的内容:

亲爱的小朋友,

你们好,太阳公公身体不舒服,它原来红彤彤的脸变得灰乎乎的,很难看,它是不是生病了?请小朋友们来看看它,好吗?

小喜鹊

"我们一起去看看太阳公公,好吗?"教师引出主题。

2. 欣赏与理解

教师借助挂图或图片,朗诵散文内容。

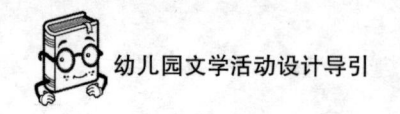

教师提问，幼儿初步理解散文：

①太阳公公是不是生病了？哪里看出它生病了？啄木鸟医生怎么说？

②谁帮助了太阳公公？怎么帮助它的呢？

③太阳公公在大家的帮助下，病好了吗？哪里看出它病好了？

3. 用绘画的方式表达对散文内容的理解

教师引导幼儿画出散文中太阳公公的变化——灰乎乎的脸、云彩盖住的太阳公公、汗水哗哗流的太阳公公、脸红彤彤的太阳公公，幼儿也可以根据自己的理解添加其他元素。

4. 根据幼儿的绘画作品，引出天气图标

太阳公公不同的状态代表不同的天气，云彩盖住的太阳公公代表的是阴天，汗水哗哗流的太阳公公代表的是雨天，脸红彤彤的太阳公公代表的是晴天，教师提问："你们还认识哪些天气图标？"之后，教师出示准备好的天气图标。

5. 迁移经验，创造性表述

教师帮助幼儿迁移经验，提问："你喜欢哪种天气？为什么？在这种天气里你会做些什么事？"引导幼儿思考天气与人们生活的关系。

6. 多种形式朗诵散文内容

教师可以组织幼儿以分小组、分角色、集体等方式朗诵散文内容，使幼儿进一步感受与理解散文内容。

建议课时数：

2～3课时。

中班

滴答滴答

滴答，滴答，天空下起了小雨。小鸡正在捉虫，鸡妈妈看见了，连忙张开翅膀，为小鸡撑起了一把羽毛伞。

滴答，滴答，天空下起了小雨。小蚂蚁正在搬米粒，喇叭花看见了，连忙展开花瓣，为小蚂蚁撑起了一把喇叭花伞。

滴答，滴答，天空下起了小雨。小朋友正在玩耍，大树妈妈看见了，连忙伸开树枝，为小朋友撑起了一把绿叶伞。

赏析：

散文充满童趣，语言质朴，句式工整，结构重复，"滴答答"拟声词的运用，不仅点题，而且敲定了散文的基调，使散文节奏舒缓、轻柔，朗朗上口，给人清新之感，便于幼儿朗诵与仿编。散文用排比、拟人的修辞手法，描绘了下雨时大自然中温情的场景：鸡妈妈为小鸡撑起了一把"羽毛伞"，喇叭花为小蚂蚁撑起了一把"喇叭花伞"，大树妈妈为小朋友撑起了一把"绿叶伞"，字里行间流露出真挚美好的情感，小雨似乎也变得柔情可爱了。幼儿在阅读与学习的过程中，懂得了朋友们要相互帮助，萌发热爱大自然、保护环境的意识和情感。

教学建议：

1. 创设情境导入

教师出示小鸡、小蚂蚁和小朋友的卡片，提问：春天来了，天空下起了小雨，滴落在大地上，发出"滴答，滴答"的声音，小鸡、小蚂蚁和小朋友们都在外面玩呢，他们会用什么方法躲雨呢？请幼儿进行猜想与表达。

2. 欣赏散文

教师配以轻快的背景音乐，用好听的声音有感情地朗诵散文，把幼儿的听视觉融合在一起，将幼儿带入趣与情交汇的雨景中。

3. 理解散文

教师提问：

①天空下起小雨的时候，小鸡在做什么？谁给它撑了雨伞？鸡妈妈给小鸡撑了一把什么雨伞？

②天空下起小雨的时候，小蚂蚁在做什么？喇叭花看见了，为它撑起了一把什么伞？

③天空下起小雨的时候，小朋友又在做什么？他们到哪里躲雨了？大树妈妈为小朋友撑起了一把什么伞？

幼儿可以模仿鸡妈妈、喇叭花和大树妈妈的样子，用动作作出伞的样子，增加他们对散文内容的理解。

4. 再次欣赏散文

教师可以播放与散文相关的视频，以不用的展示方式激发幼儿再次欣赏的兴趣。幼儿主题讨论：散文中有哪些伞？羽毛伞、喇叭花伞和绿叶伞都是用什么做的？它们为什么要做成伞？幼儿在师生讨论中感受和理解散文中真挚的感情。

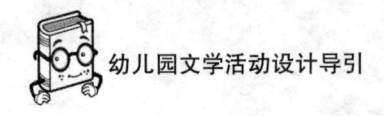

5. 设计角色对话

通过为角色设计对话的方式，为幼儿创设想说、敢说、喜欢说的环境。教师可以询问幼儿：鸡妈妈为小鸡撑起了羽毛伞后，它会对小鸡说什么呢？喇叭花会对小蚂蚁说什么呢？大树妈妈又会对小朋友们说什么呢？

6. 角色扮演

教师朗诵散文，幼儿轮流扮演散文中的角色（小鸡、鸡妈妈、小蚂蚁、喇叭花、小朋友和大树妈妈），并演绎自己设计的角色对话，在幼儿熟悉散文内容后，教师也可以让没有参与表演的幼儿进行集体朗诵。

7. 尝试仿编

教师应鼓励幼儿大胆展开想象，能力强的幼儿可以用散文中的句式进行仿编，教师不做统一要求。

8. 迁移经验

教师提问：你认识哪些雨伞？雨伞有哪些种类？
教师出示雨伞的图片，幼儿将雨伞进行分类，增加对雨伞特征的了解。

建议课时数：
2～3课时。

中 班

捉迷藏

黑夜用长长的手帕将太阳的眼睛蒙了起来，趁它还在数着"一、二、三"，颜色宝宝们赶快找个自己喜欢的地方，静悄悄地躲起来。

黄色宝宝躲在菊花里，蓝色宝宝躲在大海里，绿色宝宝躲在树林里，红色宝宝躲在枫叶里，白色宝宝躲在云彩里。大家都躲好啦，黑夜将手帕解开，太阳睁开眼睛，哇！一下子全都找到了。

赏析：

散文篇幅短小，意境优美，用游戏化的语言、轻松明快的笔调描述了黑夜与白天，用拟人、夸张的修辞手法，赋予了黑夜、太阳和各种各样的颜色以生命，大胆巧妙的想象成功地激发幼儿学习的兴趣，一定程度上消除了幼儿对黑夜的恐惧。散文内容贴近幼儿生活，描写生动俏皮，既符合幼儿玩捉迷藏游戏的规则，又能启发幼儿根据句式进行仿编，体验仿编的乐趣和成就感。

教学建议：

1. 创设情境导入

教师导语：小朋友，你们玩过捉迷藏的游戏吗？是怎么玩的呢？（教师邀请幼儿讲述游戏的玩法，也可以请个别幼儿示范）捉迷藏那么好玩，太阳公公也想玩呢，你们猜猜，太阳公公和谁捉迷藏呢？谁能蒙住太阳公公的眼睛呢？（幼儿大胆表达自己的猜想）我们一起来听一听这篇散文。

2. 欣赏与理解

教师借助图片朗诵散文，朗诵时注意用重音读"长长的"，还要用轻柔的声音朗诵颜色宝宝躲起来的片段，突显散文的优美意境，最后一句用升调和较快语速表达出兴奋之情。

教师提问：

①太阳公公和谁玩捉迷藏呢？是谁有那么大的本领把太阳公公的眼睛蒙起来了？

②颜色宝宝们静悄悄地都躲到哪里去了？（当幼儿回答出一个颜色宝宝时，教师出示相应的图片，帮助幼儿记忆），颜色宝宝都躲好啦，你们猜猜，这个时候颜色宝宝心里会想什么？

③太阳公公找到颜色宝宝了吗？是怎么找到的？（幼儿尝试用兴奋的语调学说散文最后一句"哇！一下子全都找到了"，体验散文中游戏的趣味性。）

3. 再次欣赏

教师第二次朗诵散文，幼儿进一步理解散文内容，教师提问："你们发现颜色宝宝都喜欢藏哪些地方？为什么颜色宝宝喜欢这些地方？"幼儿与同伴结伴交流，在交谈与分享中发现颜色宝宝捉迷藏的方法。

4. 分角色朗诵

教师根据颜色将幼儿分成黄色宝宝组、蓝色宝宝组、绿色宝宝组、红色宝宝组和白色宝宝组，教师朗诵散文第一段，幼儿按小组分角色朗诵，帮助幼儿掌握句式"_____躲在_____里"，如：

教师：黑夜用长长的手帕将太阳的眼睛蒙了起来，趁它还在数着"一、二、三"，颜色宝宝们赶快找个自己喜欢的地方，静悄悄地躲起来。

黄色宝宝组：黄色宝宝躲在菊花里。

蓝色宝宝组：蓝色宝宝躲在大海里。

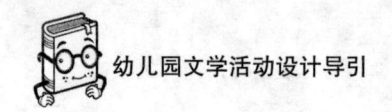

绿色宝宝组：绿色宝宝躲在树林里。

红色宝宝组：红色宝宝躲在枫叶里。

白色宝宝组：白色宝宝躲在云彩里。

教师：大家都躲好啦，黑夜将手帕解开，太阳睁开眼睛。

全体幼儿：哇！一下子全都找到了。

5. 尝试仿编

教师提问："这些颜色宝宝还可以躲在哪些地方？其他颜色宝宝也来和太阳公公玩捉迷藏了吗？它们会躲在哪里？"幼儿根据自身生活经验，尝试仿编，如"黄色宝宝躲在成熟的稻谷里"。教师把幼儿仿编的句子编入散文中，进行配乐朗诵，幼儿体验仿编的乐趣和成就感。

6. 升华主题

教师提问："原来天黑的时候是太阳公公在和我们玩捉迷藏呢，天黑的时候，你们会躲在什么地方呢？天黑了不能去哪些地方？为什么？"教师进而可以与幼儿讨论夜幕降临时的安全问题。

7. 游戏环节

教师根据班级环境，与幼儿设定游戏规则，提出注意事项，一起玩捉迷藏游戏。

建议课时数：

2课时。

大班

春雨的色彩

春雨，像春姑娘纺出的线，轻轻地落到地上，沙沙沙，沙沙沙……

田野里，一群小鸟正在争论一个有趣的问题，春雨到底是什么颜色的？

小燕子说："春雨是绿色的，你们瞧，春雨落到草地上，草就绿了，春雨淋在柳树上，柳枝也绿了。"

麻雀说："不对，春雨是红色的，你们瞧，春雨洒在桃树上，桃花红了，春雨滴在杜鹃丛中，杜鹃花也红了。"

小黄莺说："不对，不对，春雨是黄色的，你们瞧，春雨落在油菜地里，油菜花黄了，春雨落在蒲公英上，蒲公英花也黄了。"

春雨听了大家的争论，下得更欢了，沙沙沙，沙沙沙……

赏析：

春天里万物复苏、百花争艳、绿草如茵，一派迷人的景色。这篇散文以优美、拟人、贴近生活的笔触向大家讲述了绵绵的春雨与万物之间的联系，描写了春雨给大地带来的变化。与一般的抒情叙事散文不同，它还包含引人入胜的情节：散文诗中绵绵的春雨，屋檐下叽叽喳喳的小鸟，万紫千红的大地，建构出了一幅有声有色的春景图。这首散文符合幼儿欣赏的特点，容易激发幼儿的欣赏愿望、学习兴趣。

教学建议：

1. 教师利用音乐和提问，引出主题

教师先播放下雨的音乐，引导幼儿倾听并思考："这是什么声音？这是春天下雨的声音。"然后以提问设置悬念："你觉得春雨是什么颜色的？今天早上有一群小鸟说春雨是有颜色的，我们来听听是怎么回事。"

2. 幼儿欣赏散文

教师播放清新的背景音乐，结合与散文相关的图片，有感情地朗诵散文内容，注意用不同的声调演绎散文中的角色。

3. 初步理解散文

教师组织幼儿思考与讨论：小燕子说春雨是什么颜色的？为什么它说春雨是绿色的？麻雀说春雨是什么颜色的？为什么它说春雨是红色的？小黄莺说春雨是什么颜色的？为什么它说春雨是黄色的？帮助幼儿理解散文内容。

4. 进一步理解散文

教师组织幼儿进行深入思考：你觉得谁说的对？为什么说春雨是有颜色的呢？春雨本身是没有颜色的，它滋润着万物，落在小草上，小草绿了，落在桃花上，桃花开了，落在油菜花上，油菜花开了。这可以帮助幼儿感知春天里万物复苏、百花争艳、绿草如茵的景象。

5. 幼儿绘画

幼儿以绘画的方式画出散文中自己最欣赏的那部分春景，再现散文中的情境，教师指导语：春雨来了，小草绿了，花朵也竞相开放了，你最喜欢散文中的哪个部分？为什么？请你把它画下来。

6. 迁移经验，尝试仿编

教师引导幼儿根据生活经验仿编散文中的小鸟的对话，"你觉得春雨还可能

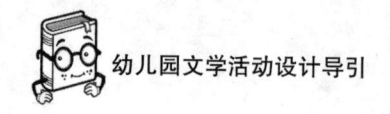

是什么颜色的？为什么呢？"，引导幼儿用句式"春雨是_____色的，你们瞧，春雨落在_____里，它就_____"。

7. 共同朗诵

教师可以组织幼儿分角色朗诵散文内容，如下所示。

教师：春雨，像春姑娘纺出的线，轻轻地落到地上，沙沙沙，沙沙沙……田野里，一群小鸟正在争论一个有趣的问题，春雨到底是什么颜色的？

幼儿1：小燕子说："春雨是绿色的，你们瞧，春雨落到草地上，草就绿了，春雨淋在柳树上，柳枝也绿了。"

幼儿2：麻雀说："不对，春雨是红色的，你们瞧，春雨洒在桃树上，桃花红了，春雨滴在杜鹃丛中，杜鹃花也红了。"

幼儿3：小黄莺说："不对，不对，春雨是黄色的，你们瞧，春雨落在油菜地里，油菜花黄了，春雨落在蒲公英上，蒲公英花也黄了。"

教师：春雨听了大家的争论，下得更欢了，沙沙沙，沙沙沙……

建议课时数：

2～3课时。

大班

落叶

秋风起了，天气凉了，一片片树叶从树枝上飘落下来。

树叶落到地上，小虫爬过来，躺在下面，把它当作小屋。

树叶落在沟里，蚂蚁爬过来，坐在上面，把它当作小船。

树叶落在河里，小鱼游过来，藏在底下，把它当作小伞。

树叶落在院子里，小燕子看见了说：

"来信了，催我们到南方去了。"

赏析：

散文篇幅短小，以排比句的方式描述了树叶与小动物们的互动，既形象生动地描绘了秋天落叶满地的情景，也体现了小动物们对树叶的各取所需。散文的最后部分，以小燕子的话道出秋天的到来，留给读者无穷的遐想。一篇好的散文，不仅可以丰富幼儿的知识，发展幼儿的想象力和思维能力，而且可以使幼儿的心灵和情感受到熏陶。欣赏这一散文，可以加深幼儿对树叶从春天到秋天逐渐变黄，最后变成落叶的印象，体验散文中亲情交流的愉悦感受。

教学建议：

1. 活动准备

教师在开展语言活动之前，带着幼儿到幼儿园捡树叶，制作树叶拼贴画，体验捡树叶、玩树叶的乐趣，也为本次活动做好知识经验准备。

2. 环境创设

教师用幼儿的落叶美术作品布置活动室，烘托出秋天的情境。

3. 导入主题

教师描述并提问："秋天到了，秋风起了，树叶变黄了，一片片地从树上落下来，就像一只只蝴蝶，你觉得秋天美不美？今天老师带来了一首秋天的散文，我们一起来欣赏秋天的美。"

4. 欣赏与理解

教师先播放一小段轻音乐，营造秋天的意境，接着配合动画朗读散文，使幼儿用多种感官感知散文的意境美。

教师提问：

①这篇散文给你一种什么感觉？你从散文中听到了什么？

②树叶都落在了哪些地方？小虫把树叶当作了什么？蚂蚁又把树叶当作了什么？小鱼把树叶当作了什么？小燕子为什么要去南方？

教师打开相应的图片，帮助幼儿回忆和理解散文内容。

5. 再次欣赏

教师第二次朗诵散文或者播放与散文有关的音频、视频，激发幼儿再次欣赏的兴趣。教师进一步提问：

①小虫躺在树叶的哪里？

②蚂蚁坐在树叶的哪里？

③小鱼藏在树叶的哪里？

④燕子看见了树叶，为什么说是在催它们到南方去？

教师请幼儿用一只手当作树叶，另一只手当作小动物，比画散文中的方位词，为下一步的仿编作铺垫。

6. 小组朗诵

教师播放背景音乐，幼儿分角色、分小组朗诵散文内容。幼儿分为小虫组、

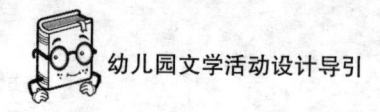

蚂蚁组、小鱼组和小燕子组，每组朗诵相应的内容，帮助幼儿进一步熟悉和理解散文内容。

7. 尝试仿编

教师通过提问，引导幼儿仿编散文部分内容："树叶落在地上，还有什么动物会过来？它会把树叶当作什么？"

幼儿用固定句式回答：

"树叶落在地上，＿＿＿过来了，＿＿在＿＿，把它当作＿＿＿＿。"

8. 迁移经验，创造性表述

师幼讨论："如果你有一片落叶，你会把它当作什么？"由此引发幼儿的想象，鼓励幼儿大胆流畅地表达自己的想法。

教师与幼儿一起欣赏秋天落叶的美景照片，引导幼儿用自己的语言描述秋天，教师可以用游戏的方式让每个幼儿都参与其中。

建议课时数：

2课时。

大班

家是什么

家是什么？家，是一盏灯、一扇窗户、一张柔软的床。

有了灯，不再害怕夜晚没有星星和月亮。

有了窗户，不再担心风吹雨打。

有了床，累了，困了，可以睡上甜甜的觉，做个美美的梦。

家是太阳，是爸爸妈妈的笑容，是温暖的阳光。

赏析：

散文对家进行了巧妙的比喻和联想，把家比作"灯""窗户"和"床"，具体而又形象，符合幼儿的认知特点。散文用优美的语言描绘了家的温馨、甜蜜和安全，幼儿在阅读中能感受到在家的舒适与温暖，体会到父母对自己的爱，让幼儿在对家原有认知的基础上，进一步理解"家"的真正含义，增进对家和家人的感情。散文采用总分总的结构，脉络清晰，便于幼儿理解和感受，以问句开头，能激发幼儿的阅读兴趣。

教学建议：

1. 音乐导入

教师播放音乐《我有一个家》，幼儿感受音乐的旋律，感知歌词。教师也可以在活动开展前教唱该儿歌。

教师导语：听了这首歌，你有什么感觉？在这首歌中，你听到了什么？在你的家里有什么？你认为家是什么？今天老师和小朋友分享一篇散文——《家是什么》，我们一起来听一听。

2. 欣赏散文

教师一边播放多媒体课件，一边有感情地朗诵散文，营造温馨优美的意境。

3. 理解散文

①散文里说，家是什么？

②为什么说家是一盏灯？家里有了灯，就不用害怕什么了呢？

③为什么说家是一扇窗户？家里有了窗户，就不再担心什么了？

④为什么说家是一张柔软的床？累了，困了，可以做什么？

⑤家是太阳，爸爸妈妈的笑容是什么呢？为什么说爸爸妈妈的笑容是温暖的阳光呢？

幼儿用动作表示对散文的理解，根据散文的内容自编动作，教师要鼓励幼儿有自己个性化的动作。

4. 再次欣赏

教师朗诵散文，幼儿一边欣赏散文，一边根据自己的理解做动作，进一步熟悉散文内容。

5. 共同朗诵

教师先与幼儿以接龙的方式共同朗诵，如：

教师：家是什么？

幼儿：家，是一盏灯、一扇窗户、一张柔软的床。

教师：有了灯……

幼儿：不再害怕夜晚没有星星和月亮。

……

师幼交换角色进行第二次接龙朗诵（教师也可以采用分组朗诵的方式），在幼儿熟悉散文内容后，进行集体朗诵，并配上幼儿自己编的动作。

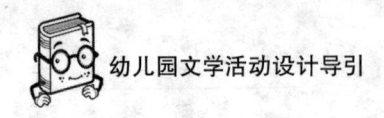

6. 游戏环节

教师与幼儿玩"爱的抱抱"游戏，教师有意识地根据幼儿的人数报数字，让每个幼儿都能找到爱的抱抱，建议教师也参与游戏，游戏后，请幼儿分享感受：游戏好玩吗？当你与好朋友抱在一起的时候是什么感觉？这种感觉棒不棒？

7. 尝试仿编

教师在幼儿对家的了解的基础上，提问：你认为家还可以是什么？有了它，就不用担心或者害怕什么了，或者有了它就可以做什么了？教师可以示范，或者请语言表达能力较强的幼儿做示范，如"家是一张圆圆的饭桌，有了它，我们每天团聚在一起"。幼儿根据句式进行仿编，不严格要求仿编的句式。

8. 幼儿绘画

幼儿将自己仿编的内容通过绘画的方式再一次进行表达，满足幼儿多种表达方式的需要。

9. 尝试评价

幼儿对散文进行评价，教师可提问：你喜欢这篇散文吗？为什么？最喜欢哪一句？最欣赏哪个词？为什么？

建议课时数：

2～3课时。

大班

再见，太阳

傍晚，小姑娘看见太阳红彤彤的，挂在天边。她知道太阳要走了，就抬起小手，不停地挥动。

"再见，太阳。"小姑娘说。

"再见，小姑娘。"太阳回答："睡觉去吧，我也要休息了。明天一大早，等我醒来，再把温暖送给你，你就在那扇小窗户里等着我吧。"

太阳升起来了。他用温柔的光芒抚摸小姑娘的脸蛋。小姑娘醒来，对太阳挥动着小手说："早上好，太阳！看到您，我多高兴啊！"

赏析：

这篇散文属于叙事散文，散文用凝练的文字叙写了小姑娘和太阳的温情对话，篇幅短小，情节简单，却因为其传达了幼儿的真情实感而吸引幼儿阅读。人物动作的描写，如"抬起小手""挥动"等词突出了小姑娘对太阳的热情，在拟人修辞手法的运用中，"红彤彤""温柔"的太阳也像一位慈爱的长辈，温柔地安抚着小姑娘入睡。散文既流露出人与自然和谐相处的思想，小姑娘的话语"再见""早上好"等，文明有礼，又体现了幼儿园社会教育的内容，散文以"看到您，我多高兴啊"结尾，在生活中却是快乐明媚一天的开始，满足了人对光明美好的向往，符合幼儿阳光纯朴的心理特点，适合幼儿学习。

教学建议：

1. 谈话导入

教师提问：今天早上起床，你看到太阳了吗？在哪里看到了太阳？如果明天还看到他，你会对太阳说什么？如果太阳要下山回家了，你又会对他说什么呢？我们今天来听听这位小姑娘是怎么和太阳打招呼的。

2. 欣赏感受

教师播放背景轻音乐，配上图片，用舒缓的语调有感情地朗诵散文，要注意用不同的语速和音色突显人物角色的性格，同时配上适当的体态语。

3. 初步理解

教师提问：

①太阳要走的时候，小姑娘对太阳说了什么？小姑娘是怎么说的？她的心情怎么样？说的时候做了什么动作？

②小姑娘醒来时，看见了太阳，又说了什么？小姑娘说话的语气是怎样的？她的心情和刚才的有什么不同？为什么？她又做了什么动作？

教师邀请幼儿模仿小姑娘说话的语气和动作，在模仿与讨论中，感受和理解"告别"和"相见"的含义及其蕴含的情感。

4. 观察朝阳和夕阳，理解词汇"红彤彤""温柔的"

教师出示朝阳和夕阳的图片，提问：

①你们发现这两个太阳有什么不一样吗？细心观察，说说哪个是早上的太阳？哪个是傍晚的太阳？为什么？

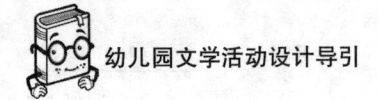

②（师幼共同观察夕阳）散文中用了什么词来形容傍晚的太阳？你觉得还可以用什么词来形容？

③（师幼共同观察朝阳）太阳升起来了，散文用了什么词形容太阳的光芒？还可以用其他什么词？

教师引导幼儿回顾生活经验，仔细观察图片，发现异同，并鼓励幼儿在理解散文词汇的基础上，调动已有的文学学习经验，运用不同的词汇进行创造性的表达。

5. 教师再次朗诵散文

幼儿在初步了解散文的基础上，再次欣赏散文，为后面的角色扮演作铺垫。

6. 熟悉角色对话，尝试角色扮演

教师先帮助幼儿掌握人物的形象特点，再将幼儿分组进行角色扮演。教师提问：

①太阳要走了，他对小姑娘说了什么？

②为什么说太阳醒来就能把温暖送给小姑娘？小窗户指的是哪里的小窗户？

③你认为太阳是年纪大的公公或婆婆，还是年轻的哥哥或姐姐？为什么？太阳说话的语气是怎样的呢？他会做什么动作？请你来模仿一下。

教师做旁白，先邀请两组幼儿先后进行角色扮演，教师对其进行比较、点评和鼓励，再邀请其他幼儿轮流扮演；也可以分组同时进行，让每个幼儿都有参与的机会。

7. 升华主题

教师提问：你认为小姑娘是一个怎样的人？从哪里可以看出来？小姑娘主动与太阳告别、打招呼，是一个文明有礼的小朋友，晚上按时睡觉，没有睡懒觉，养成了良好的生活习惯。在生活中，你见到熟悉的人会主动和他打招呼吗？你认为一个文明有礼的小朋友还应该做到哪些？

8. 幼儿绘画

幼儿根据对散文内容的理解，展开想象，将散文优美的意境画出来。

建议课时数：

2～3课时。

课后拓展与练习

①请结合幼儿园的实际教学,谈谈幼儿散文的学习对于幼儿语言发展的意义。

②请认真阅读以下散文,具体分析散文的意境,并通过制作幻灯片、配乐等方式朗诵散文,营造散文优美的意境。

项链

大海,蓝蓝的,又宽又远。沙滩,黄黄的,又长又软。雪白雪白的浪花,哗哗笑着,涌向沙滩,悄悄撒下小小的海螺和贝壳。

小娃娃嘻嘻笑着,迎上去,捡起小小的海螺和贝壳,串成彩色的项链,挂在自己的胸前。快活的脚印落在沙滩,串成金色的项链,挂在大海的胸前。

第五章 幼儿童话的设计与组织

第一节　幼儿童话的特点及讲述要求

一、幼儿童话的特点

幼儿童话是幼儿文学中十分重要的体裁,它符合幼儿的审美心理和欣赏水平,是幼儿最喜爱的一种文学样式。童话的发展经历了民间童话和文学童话两个历史阶段,幼儿童话作为文学童话的分支,在发展的过程中,形成了自己的一些特点。

1. 以拟人为主体的童话形象,形象丰满生动

超人体、拟人体和常人体是童话中的三种童话形象,其中,拟人体童话形象是最常见的艺术形象。在幼儿眼中,一切东西都是有生命、有思想感情和行为语言的,拟人的艺术手法能把抽象的事物转化为具体可感的艺术形象,符合幼儿的思维特点。因此,幼儿童话中出现的"花言鸟语"很契合幼儿的心理。幼儿童话也刻画了许多家喻户晓、丰满生动的童话形象,如丑小鸭、长袜子皮皮、小木偶等。

2. 融入幼儿心理特点的艺术幻想,充满游戏精神

幻想是童话的基本特征,童话所描绘的往往是人世间没有的虚幻境界,所讲述的情节也是现实生活中不可能发生的虚构故事。童话看似荒诞不经,却又源于现实生活,反映生活,具有现实意义,正如安徒生所说:"最奇异的童话是从真实生活中产生出来的。"幼儿在读童话故事时明知道这是虚构的故事,却饶有兴趣地阅读,这是由于幻想虽然不同于现实,但仍遵循着客观事物的某些发展规律,具有合理性。例如《胡萝卜先生的胡子》,胡萝卜先生因为近视眼漏刮了一根胡子,在吃果酱时,胡子蘸到了果酱,胡子便疯长起来。作品的内在逻辑是:果酱的营养非常丰富,"胡子"吃了果酱就会长得快。

幼儿童话幻想是融进了幼儿心理特征的艺术幻想。幼儿天真活泼,知识经验虽不丰富,但想象的内容丰富美妙,常常分不清想象中的事物和现实中的事物。这种无处不在、无所不能的想象,带有明显的童稚性和夸张性,是幼儿欣赏童话的心理基础。幼儿以游戏为主要活动方式,幼儿童话的幻想也总是洋溢着幼儿的

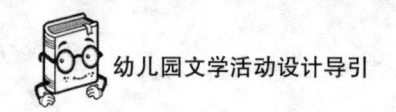

游戏精神。如童话故事《大萝卜》,故事中,大家一起拔萝卜的情节带有浓郁的游戏色彩,幼儿在表演的过程中,体验到了游戏的乐趣。

3. 单纯明快的叙事方式

童话是一种叙事文体,通过叙事来刻画形象、展开情节,为了符合幼儿的智力水平和审美特点,幼儿童话的叙事方式往往是单纯明快、富有趣味的。幼儿童话的篇幅一般比较短小,一个童话就是一个完整的故事。即便是长篇或中篇童话,故事也比较单纯明快,往往有一条主人公的活动线索贯穿始终,将主人公所经历的一个个小故事串联起来,而每一个小故事又有相对的独立性,如《小蝌蚪找妈妈》。幼儿童话中的人物性格是一种单纯的类型化性格,如可爱单纯的小兔子、勤劳的蜜蜂、狡猾的狐狸等。幼儿童话的情节生动有趣不复杂,有曲折变化但条理清楚,有悬念但不会悬置太长,有冲突高潮,而结尾则都比较圆满。如《狼和七只小羊》,全篇以三段式的反复结构展开情节,狼的三次乔装、欺骗,小山羊们三次回答的内容,基本相同又略有变化,情节单纯明快。狼虽然凶残狡猾,但最后得到了应有的惩罚,读者的愿望获得了极大满足。其情节虽然惊险,但并不恐怖,适合幼儿阅读。小山羊活泼可爱,最小的山羊聪明勇敢,山羊妈妈对孩子的柔情真实感人。

二、幼儿童话的讲述要求

讲述故事不是直接把故事内容读出来或者单纯背下来,因为对着故事照搬照念不利于幼儿欣赏感知与理解故事内容。讲述是需要一定技巧的,在讲述故事前,教师需要作一些准备,掌握一些方法与技巧。

1. 分析作品,准确把握作品的立意

准确把握童话故事的立意是讲述的前提,把握立意需要我们去分析作品,从作品的内容、叙述、抒情中去感知,并找出突显故事立意的主要环节,对作品从整体到局部做到心中有数,掌握故事情节的走向,从而激发讲述的热情。教师根据作品的情感线索、情节发展的走向展开讲述,才能准确地表达作者的意图,才能真正打动小读者。如童话故事《雪孩子》,讲述了雪孩子因为拯救小白兔而融化成水的优美故事,赞扬的是善良、勇敢的心灵以及纯真的友谊。

2. 大胆想象,把握人物的形象特点

如上所述,幻想是童话的基本特征,童话运用了拟人、夸张、象征等手法,教师在表达时要进行大胆想象,仔细揣摩作品提供的场景、线索、词语等,把握人物的形象特征、性格特征和语言特点，并适当夸张地将其表现出来。如《狼和小羊》，讲述的是狼和小羊碰巧同时到一条小溪边喝水，狼找各种借口吃掉小羊的故事。狼凶恶蛮横，小羊娇柔软弱，教师应分别抓住表现狼与小羊特点的词汇，如"气冲冲""龇着牙""逼近""大声嚷""温和""可怜"等词汇，用夸张的、向外的、强劲的动作和粗犷的声音表现狼的贪婪与凶恶，用向内的、柔弱的动作和细小的声音表现小羊。

3. 讲述的语气和音色生动有区别

童话故事主要包括叙述语言与人物语言，教师在讲述时应做区别，并注意两者之间的转换。叙述语言是指作品中描绘性的语言，它主要体现故事脉络、情的发展，能够描述出人物的独特身份、性格及其所在环境，准确而生动地刻画人物的性格本色和活动状况，从而唤起读者的本真体验。讲述叙述语言时，既要体现讲故事者作为旁观者的客观性，用声自然、平稳、清晰，又要体现讲故事者的感情、态度，语气、语速、节奏、音量等随着故事情节的发展而变化。人物语言是指作品中人物的语言，它主要展示人物的性格特点。故事中的人物形象丰富多彩，个性鲜明，所以，讲故事者角色要到位，人物语言应有故事人物的"角色感"，应努力暂时摆脱或掩蔽自己的特点，按故事中角色形象的个性及特点，做到声如其人，着力表现人物性格和思想感情，抓住人物的言行和心理活动。

讲述时，根据表情达意的需要，教师可以加重或减弱某些音节、语气，这样讲述方能生动、活泼，突出重点。例如，童话故事《猴吃西瓜》中的猴王说："如果说错了，我可要惩罚他！"这句话的语气可以加重，"错"字读重音，以表现猴王的威严。同时，讲故事的语速不宜过快或过慢，而应根据故事情节及人物角色随机进行调整。一般而言，老人讲话比幼儿讲话的语速慢，情绪高昂时语速比情绪低落时语速稍快。另外，连停处理得好可以有效地控制语速，更好地传达言词之意，是否连停以及连停的长短取决于故事内容，切忌随便连停。例如，童话故事《龟兔赛跑》中的乌龟"离大树越来越近了，只差几十步了，十几步了，几步了……"，在讲述"几十步了""十几步了""几步了"时，中间不要停顿，稍快连读。

4. 配以适当的态势语

教师讲述故事时，如果能随着故事情节的展开而适时地运用手势、表情、动作等态势语，则能更好地帮助幼儿理解故事，符合幼儿具体形象的思维特点。教师运用态势语时，动作一定要自然、贴切，适时而做，适度而为。适时是指态势

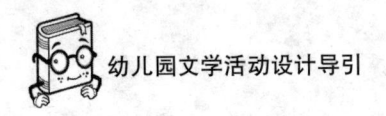

语要加在合适的地方；适度是指动作运用不要过多，动作幅度不宜太大。例如，童话故事《大象按摩师》的首句"大象开了一个诊所"，教师在讲述时只需要做出"诊所"的动作即可，不用做"大象""开"的动作。

5.适当地对故事情节进行润色和处理

童话故事从多个方面塑造栩栩如生的形象，包括动作、语言、声音、神态等。其中，声音的运用比较丰富，如大自然的风声、雨声、雷声、水声等，人的笑声、哭声、叹息声等，以及各种动物的叫声、生活中的各种声音等，教师若能很好地运用口技模仿，则可以起到渲染气氛的作用，增强故事的情境性。如童话故事《雪花》中，小黄狗、小花猫、老母鸡说话前都会发出自己独特的叫声"汪汪汪""喵喵喵""咕咕咕"，小黄狗的声音粗大，小花猫的声音细柔，老母鸡的声音深沉，教师讲述时要注意运用口技模仿。如果故事的对白比较单调，教师可以进行适当的润色，使故事变得更生动，形象更具体可感。例如，童话故事《会打喷嚏的帽子》，在讲述小耗子的害怕情绪时，教师可以适当地加入哭声"呜呜……"，把小耗子害怕得快要哭的形态表现出来，吸引幼儿的注意，使其有身临其境的感觉。如果故事篇幅较长，教师可以依据情节的发展，适当地设计一些提问，以吸引幼儿持续有注意地倾听，但切忌频繁地设问，即使故事较长，但如果幼儿都能全神贯注地倾听，教师可以不设问，以免影响幼儿整体地感知故事。

三、幼儿童话学习的意义与目标

与其他幼儿文学类型相比，幼儿童话具有鲜明的人物形象，以及单纯明快、生动有趣的故事情节。因此，在童话故事的学习中，幼儿能初步感知童话故事以顺叙为主的叙事方式，理解故事情节的起始、发展、高潮和结尾，分析与概括人物角色的语言、动作、表情及心理活动，把握人物角色特点，同时感知拟人、夸张等修辞手法并能在日常生活中运用，能在理解故事结构、主题的基础上，展开想象，对故事进行续编、改编等，发展幼儿的记忆能力、理解能力、分析能力、语言概括能力以及想象力、语言创造力等，并在童话故事中享受游戏精神，体会语言学习的乐趣。

以下年龄段目标是参考教育部制定的《3—6岁儿童学习与发展指南》以及由周兢教授编著的《学前儿童语言学习与发展核心经验》《幼儿园语言教育活动指导》整理而成，仅供读者参考。

1.小班

①能听懂短小的故事，知道故事中的主要人物。

②理解故事的起始与结尾。
③会看图画，能根据画面说出图中有什么，发生了什么事等。
④能运用动作、口头语言、表情等方式表达对故事内容的理解。
⑤能依据对故事语言、情节、人物、主题的理解，为故事编构一个结局。

2. 中班

①感知故事情节发展的主要脉络，理解故事起始、发展、高潮和结尾。
②初步理解故事中人物的对话和动作，能模仿故事中的人物对话和动作讲述故事。
③能根据连续画面提供的信息，大致说出故事的情节。
④能运用动作、口头语言、表情、绘画、表演等方式表达对故事内容的理解。
⑤能随着作品的展开产生喜悦、担忧等相应的情绪反应，体会作品所表达的情绪情感。
⑥在理解故事的基础上，能积极想象，改编故事的有趣情节。

3. 大班

①运用书面语言和句式表达故事中的人物特征。
②获得有关童话故事幻想、拟人的表现特点。
③能初步概括故事的主要情节。
④能根据故事的部分情节预测故事情节的发展，续编、创编故事。
⑤对听过的故事能说出自己的看法。
⑥初步感受故事中文学语言的美。

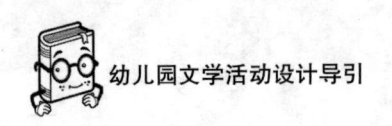

第二节 幼儿童话的赏析及教学建议

中　班

给狗熊奶奶读信

邮递员鸵鸟阿姨给狗熊奶奶送来了一封信。

狗熊奶奶是那样高兴，她盼信盼了好几天了，她是很想念远方的小孙子的。

狗熊奶奶老眼昏花，她看不清信上说些什么。

她来到河边，请河马先生帮她念一念信。当河马张开大嘴，高声地读了一句"奶奶您好"时，狗熊奶奶就不那么高兴了：

"他是这样粗声粗气地称呼我吗？连'亲爱的'也不加。这个没礼貌、不懂事的小东西！"

当信中说到他想吃奶奶做的甜饼时，狗熊奶奶更不高兴了："他就这样用命令的口气，叫我给他捎甜饼吗？这办不到！"

狗熊奶奶气鼓鼓地从河马先生手中拿回信，步履蹒跚地回家了。

走在半路上，她越来越想小孙子了。正巧，夜莺姑娘在树上唱歌。她请夜莺姑娘把信再读一遍。夜莺姑娘喝了点露水润润嗓子，当她念了第一句"奶奶，您好"时，狗熊奶奶听了浑身舒服：

"小孙孙你好！虽然你没用'亲爱的'，可是我从语气中听出来了，这比加'亲爱的'还要亲爱……"

当夜莺姑娘念到小孙孙想吃奶奶做的甜饼时，狗熊奶奶眼眶湿润了：

"这多好，我可爱的小孙子，他没忘记我，连我做的蜂蜜甜饼也没忘记，他是一个有良心的孩子……"

狗熊奶奶乐呵呵地从夜莺姑娘手中接回了信，迈着轻快的步子，回家给小孙子做甜饼去了。

赏析：

作品篇幅短小、构思奇妙，同一封信由不同的动物来念，竟起到了截然不同的效果，这是河马声音粗、夜莺声音甜的缘故，幼儿在故事的阅读与学习中体验到不同的说话语调所产生的语义效果。故事也渗透着浓郁的情感，一封简单的信，散发着浓浓的祖孙情：孙子对奶奶的思念和依恋，奶奶对孙子的想念和关爱。当代的幼儿对"信"并不是很熟悉，缺乏生活经验，教师在活动前应注意幼儿相关知识经验的积累。

教学建议：

1. 活动准备

在活动开展前，教师可以组织一次"写信送信"美术活动，幼儿以绘画的方式给爸爸妈妈或者其他家庭成员、好朋友"写"一封信，对写信有初步的感性认识。

2. 辨别声音，谈话导入

教师首先播放河马、夜莺的声音，提问：这是谁的声音？这两种声音有什么不一样？今天，狗熊奶奶特别高兴，因为她收到她的小孙子寄给她的信了，我们一起来听听这封信写了什么。

3. 欣赏故事

教师用恰当的体态语讲述故事内容，讲述时注意模仿河马、夜莺的声音和语调读信，让幼儿感受不同的音色带来的听觉体验。

4. 理解故事

教师出示熊奶奶的表情图，组织幼儿展开讨论：

①熊奶奶收到小孙子的信很高兴，可是听了河马先生读的信后心情变得怎么样了？熊奶奶说了什么？为什么熊奶奶会生气呢？

②熊奶奶又请谁帮忙读信？熊奶奶听了夜莺姑娘读的信后感觉怎么样？她又说了什么？

③为什么同一封信河马先生读得让熊奶奶生气，而夜莺姑娘读得却让熊奶奶浑身舒服呢？

5. 再次欣赏故事

教师再次讲述故事，教师在讲述角色对话时停顿，让幼儿尝试用合适的语调讲述角色对话，进一步熟悉故事内容，体验熊奶奶的心情变化，为后续的角色扮演做铺垫。

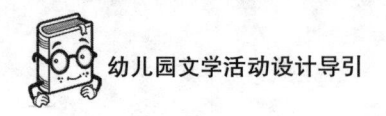

6. 角色扮演

在幼儿熟悉了故事角色的语言、语调、表情、动作后，进行角色扮演。

7. 游戏环节

幼儿玩"我是小小播音员"的游戏，尝试用自己的音色、节奏和情感帮熊奶奶的读信，体验帮助他人的快乐。

8. 亲子活动

教师请幼儿帮熊奶奶回信："如果熊奶奶给小孙孙回信，她会写些什么呢？"由幼儿口述、家长执笔，写一封回信，装进信封里，并写上寄信人和写信人的信息，帮助幼儿进一步了解写信的功能和方法。

建议授课时数：

1～2课时。

中班

会唱歌的生日蛋糕

小熊很爱唱歌，他常常边干活边唱歌。

外婆的生日到了，小熊心想：我给外婆送点儿什么？他决定做一些好吃的小蛋糕送给外婆，小狗、小羊、小猪听了也赶来帮忙。小熊边和面边唱起了歌"祝你生日快乐……"不一会儿，烤箱里飘出了一阵阵诱人的香味。"蛋糕真香啊！"小狗说着，打开烤箱拿出蛋糕。小熊走过来问："不知甜不甜？"说着就咬了一口尝尝。吃着吃着，突然，小熊的肚脐眼里冒出了他刚才唱的歌儿："祝你生日快乐……"

小熊给小狗一块、小羊一块、小猪一块，大家都高兴地吃起了蛋糕。顿时，三个小伙伴的肚脐眼里冒出了他刚才唱的"祝你生日快乐……"的歌声。"妙极了！"小熊说："我们来做一个大蛋糕，里面可以装许多许多歌呢。"大家和了一个大面团，对着面团，他们齐声歌唱："祝你生日快乐……"大蛋糕终于做好了，他们把它送到了外婆家。

外婆很开心地收下了生日蛋糕，外婆吃着美味的蛋糕，还听到了"祝你生日快乐……"的动人歌声。

赏析：

外婆生日，小熊主动给外婆做蛋糕，体现了关心感恩长辈的中华优良传统美德，小狗、小羊、小猪也主动赶来帮忙，也彰显了团结友爱的情谊，对幼儿道德品质的形成和发展有着榜样作用。吃了蛋糕后，肚脐眼里就会唱歌，这滑稽怪诞的想法非常符合幼儿的思维特点，能引起幼儿阅读的兴趣。过生日、吃蛋糕是幼儿最期待的事情之一，而为他人庆祝生日也是一件快乐的事情，对于幼儿愉快情绪的体验和人际关系的初步建立有积极意义，因此这个作品对幼儿具有可选性。

教学建议：

1. 音乐导入

教师利用唱歌的形式，组织幼儿学唱生日歌，导入故事主题，同时渲染故事中欢乐的情绪氛围。

教师导语：今天是小熊外婆的生日，小熊也给外婆唱了这首好听的生日歌，还发生了一件很奇妙的事情，我们一起来听听小熊的故事。

2. 欣赏故事

教师借助多媒体课件讲述故事，教师注意用声调、语气和节奏将幼儿带入快乐热闹而又温情的故事情境中。

3. 理解故事

教师围绕故事内容设计提问，幼儿初步理解故事内容：

①小熊很爱唱歌，它常常在什么时候唱歌？

②外婆的生日到了，小熊决定送外婆什么礼物？谁过来帮忙了呢？

③小熊一边和面一边唱什么歌？小熊吃了蛋糕以后，它的肚脐眼发生了什么奇妙的事情？

④小狗、小羊、小猪吃了蛋糕后，它们的肚脐眼又发生了什么事情？

⑤最后它们给外婆送了什么礼物？外婆心情怎么样？

在师幼讨论的过程中，教师可以组织幼儿模仿小熊一边和面一边唱生日歌，感受将美妙的歌声装进蛋糕的乐趣。

4. 再次欣赏故事

教师第二次讲述故事，组织幼儿进行主题讨论："为什么小狗、小羊、小猪吃了蛋糕后，它们的肚脐眼也会唱生日歌呢？"教师鼓励幼儿自由展开想象，大胆表达自己的想法，教师不要求幼儿有统一的认识，支持幼儿的个性化想象。

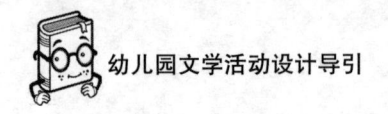

5. 故事表演

教师在引导幼儿熟悉作品内容和角色特点的基础上，开展幼儿的故事表演。

6. 复述故事

故事篇幅较短，教师可以提供图片线索，幼儿尝试复述故事，锻炼幼儿独立讲述故事的能力，同时复述故事也是理解作品内容的一种方式。

7. 迁移经验，创造性表述

教师提问，调动幼儿的生活经验，实现作品经验与幼儿生活经验的双向转移：如果你是小熊，你会怎样祝贺外婆生日？或你会如何给爸爸妈妈庆祝生日？并请幼儿尝试创编故事。

8. 拓展活动

教师还可以利用幼儿生日的契机，在班上开一个庆祝生日会，让幼儿有不一样的体验。

建议授课时数：

2课时。

中班

小熊买糖果

有只小熊记性很不好，什么话听过就忘记。

一天，小熊家里来了客人，妈妈让小熊到商店去买苹果、鸭梨、牛奶糖。小熊担心忘了，一边走一边念叨："苹果、鸭梨、牛奶糖，苹果、鸭梨、牛奶糖……"

他光顾着背那句话，一不留神，"扑通！"绊倒了。这一摔不要紧，小熊把刚才背的话全都忘啦！"妈妈让我买什么来着？"他拍着脑门想呀，想呀，"噢，想起来了，是气球、宝剑、冲锋枪！"

小熊挎着宝剑，背着冲锋枪，牵着红气球回家了。妈妈说："哟，你怎么买了玩具回来？"

妈妈又给了小熊一些钱，对他说："这回可别忘记了！"

小熊点点头："妈妈放心吧！"

"苹果、鸭梨、牛奶糖，苹果、鸭梨、牛奶糖……"小熊一边走一边念叨，他光顾着背了，忘了看路，"咚！"一头撞在大树上，撞得头上起了包，撞得两眼冒金花。这一撞不要紧，小熊又忘了妈妈让买的东西了。"妈妈让我买什么来着?"他想呀,想呀,"噢,想起来了,是木盆、瓦罐、大水缸!"

小熊夹着木盆,顶着瓦罐,抱着大水缸呼哧呼哧地回到家里。妈妈见了大吃一惊,知道他又把话忘记了。只好再给他一些钱,说:"这次可千万记牢啊!"

小熊提着竹篮儿点点头:"妈妈放心吧!"

这回,小熊避开了石头,绕过了大树,来到食品店,总算买好了苹果、鸭梨、牛奶糖。

小熊高高兴兴地朝家里跑去,正跑着,忽然,一阵风刮来,把他的帽子吹掉了。小熊连忙放下手中的竹篮儿,去捡帽子。

等他捡起帽子往回走的时候,忽然看见了地上的竹篮儿,里面还装着苹果、鸭梨、牛奶糖呢!他大声喊起来:"喂,谁丢竹篮子啦?快来领呀!"

你瞧这个小熊,多好笑!

赏析:

童话故事诙谐幽默,围绕"小熊买糖"的故事线索,以三段式的反复结构展开情节,描绘了一个记性不好而又憨态可掬的小熊形象。小熊三次买糖,闹出了很多笑话,尤其是最后一句"喂,谁丢竹篮子啦?快来领呀!",逗得幼儿忍俊不禁。故事内容贴近幼儿生活,在日常生活中,幼儿热衷于帮爸爸妈妈做事情,但是因能力不足常常"帮倒忙",幼儿阅读故事后,在捧腹大笑的同时也产生了心理共鸣。故事中,小熊妈妈的态度使得整个故事充满了爱与理解,小熊虽三番四次地忘记买糖,但妈妈并没有责骂它,是一个非常适合亲子共同阅读的故事。

教学建议:

1. 结合生活经验,谈话导入

教师提问:你们帮爸爸妈妈做过事情吗?做过哪些事?你喜欢帮爸爸妈妈做事情吗?为什么?今天,小熊来到我们班,它告诉我,它和你们一样,也很乐意帮爸爸妈妈的忙,但是小熊有一个小毛病,它记性不太好,常常忘记事情,它能不能顺利地完成爸爸妈妈交给它的任务呢?我们来听听它的故事。

或者,教师围绕关键词"记性",谈话导入。幼儿分享自己记性不好的一件事。教师提问:你们知道"记性"是什么意思吗?记性不好的人会遇到什么麻烦?你的记性好不好?你有没有忘记事情的时候?有一个小熊,它的记性特别不好,还闹出了一个笑话呢,我们也来听听它的故事。

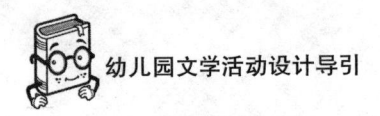

2.欣赏故事

教师结合故事幻灯片,完整地讲述故事内容,因为幼儿对故事中出现的物品,如"木盆""瓦罐""大水缸",不太熟悉,教师结合形象具体的图片,可以帮助幼儿熟记故事内容。

3.教师设计问题,与幼儿梳理故事内容

①小熊妈妈叫小熊去商店买什么?小熊担心自己会忘记,它用了一个什么办法?这个办法管用吗?小熊第一次买了什么东西回家?它是怎么拿回家的?教师与幼儿学着小熊做"挎着宝剑,背着冲锋枪,牵着红气球"的动作,幼儿在模仿中感受小熊心里的得意,同时掌握动词"挎着""背着""牵着"。

②第二次,妈妈又给了小熊一些钱,小熊这次又用了什么方法?这个方法有没有用?小熊第二次买了什么东西?这些东西你认识吗?它是怎么把这些东西拿回家的?小熊夹着木盆,顶着瓦罐,抱着大水缸,能做到吗?你们也来试试。教师可以让幼儿尝试夹着、顶着和抱着较大的玩具,体验小熊累得"呼哧呼哧"的感觉。

③第三次,小熊的妈妈知道小熊又忘记了,再给它一些钱,妈妈说了什么?小熊这次记住了吗?它是怎么做到的?小熊正高高兴兴地朝家里跑去,忽然发生了什么事情?小熊捡回了帽子,回头看见地上的竹篮儿,里面装着什么?小熊说了什么?它为什么会这么说呢?

4.再次欣赏故事

教师再次讲述故事,让幼儿集体讲述故事中的小熊与小熊妈妈的说话部分,帮助幼儿熟悉故事角色的对话,幼儿可以自由地配上角色动作。

5.在操作中进一步理解

教师提问:"小熊第一次买了什么东西回家?第二次呢?小熊跑了多少次才成功地买到苹果、鸭梨和牛奶糖?"

教师出示宝剑、冲锋枪、红气球、木盆、瓦罐、大水缸、苹果、鸭梨、牛奶糖的卡片,幼儿根据故事内容,将以上物品依次放在相应的框内,并用故事中的动词说一说,如"挎着宝剑,背着冲锋枪,牵着红气球"。

6.尝试复述故事

经过教师的两次讲述、师幼讨论及卡片操作,幼儿对故事内容已经比较熟悉,此时教师可以引导幼儿根据幻灯片的提示,尝试复述故事内容。

7. 主题讨论

教师提问:"小熊用了什么方法让自己记住要买的东西?你觉得这个方法有效吗?如果你是小熊,你会用什么方法呢?"

教师鼓励幼儿开动脑筋,设想行之有效的方法,并与幼儿一起制作购物清单。

8. 迁移经验,续编故事

故事结尾并没有明示小熊把苹果、鸭梨和牛奶糖带回家,给读者留下了一个悬念,教师可以借此激发幼儿的想象,为故事续编。

教师提问:小熊好不容易买到了苹果、鸭梨和牛奶糖,可是当它捡回帽子的时候,看见地上篮子里装的苹果、鸭梨和牛奶糖,它又忘记这是它自己买的了,最后它能不能把苹果、鸭梨和牛奶糖带回家呢?请小朋友接着编这个故事。

9. 评价故事人物,升华主题

小熊虽记性不好,但它很乐意帮妈妈做事,妈妈知道小熊买错了东西,并没有责骂它,而是再次给它弥补错误的机会,教师可以抓住这一点,升华故事的主题。

教师提问:你觉得这是怎样的一个小熊?你喜欢小熊吗?为什么?小熊买错了东西,小熊妈妈是怎么说的?它又是怎么做的?你觉得这是一位怎样的妈妈?在你的眼里,你的妈妈是怎样的一位妈妈?说一说你和妈妈之间发生的一件有趣的事情。

建议授课时数:

2课时。

大班

金色的房子

田野里有一座小房子,红的墙,绿的窗,金色的屋顶亮堂堂。大阳一出来,把它照得一闪一闪的,漂亮极了。

有一个小姑娘,她就住在这金色的房子里。每天早晨,她提着一只花篮,到草地上去采花。

一天,小姑娘又去采花了,一只小羊跑来对她说:"小姑娘,您早!您那金色的房子真好,红的墙,绿的窗,金色的屋顶亮堂堂。"

一只小鸟飞来对她说:"小姑娘,您早!您那金色的房子真好,红的墙,绿的窗，金色的屋顶亮堂堂。"

　　一只小狗跑来对她说："小姑娘，您早！您那金色的房子真好，红的墙，绿的窗，金色的屋顶亮堂堂。"

　　一只小猴跑来对她说："小姑娘，您早！您那金色的房子真好，红的墙，绿的窗，金色的屋顶亮堂堂。"

　　小姑娘听到小羊、小鸟、小狗、小猴都说她的房子好，心里真高兴，就带了小羊、小鸟、小狗、小猴一起唱歌，一起跳舞。

　　快到中午了，小姑娘要回家了，小羊、小鸟、小狗、小猴给她采了许多花，一直送她到金色的房子跟前。

　　小鸟说："小姑娘，让我进去玩玩吧！"

　　小姑娘说："不行，你扑棱扑棱地乱飞，会把我的房子弄脏的。"

　　小狗说："小姑娘，让我进去玩玩吧！"

　　小姑娘说："不行，你汪汪地乱叫，会闹得我睡不着觉。"

　　小猴和小羊说："小姑娘，让我们进去玩玩吧！"

　　小姑娘说："那更不行，你们啪嗒啪嗒地乱跑，会把我家的地板踩坏的。"

　　小姑娘说完了话，就自个儿走进房子里去，"嘭"的一声，关上了大门。

　　小姑娘在家里唱了一会儿歌，可是没人听她的；跳了一会儿舞，可是没人看她的。她觉得闷极了。

　　她打开窗子一瞧，小羊、小鸟、小狗、小猴在草地上玩得正热闹呢，小鸟飞着叫着，小狗跳着唱着，小猴骑在小羊的背上，像个猎人，多神气。

　　小姑娘悄悄地打开门，悄悄地走出来，悄悄地走近草地。

　　小羊看见她，说："小姑娘，快来，快来，跟我们一起玩呀！"

　　小鸟看见她，说："小姑娘，快来，快来，跟我们一起玩呀！"

　　小狗和小猴也都欢迎她。

　　小姑娘说："请你们到我家里去玩吧！"

　　小鸟问："你不怕我弄脏你的房子？"

　　小姑娘摇摇头。

　　小狗问她："你不怕我闹得你睡不着觉吗？"

　　小姑娘摇摇头。

　　小羊和小猴问她："你不怕我们踩坏你家的地板吗？"

　　小姑娘又摇摇头。

大伙儿都高兴极了,一起跟着小姑娘到金色的小房子里去。他们一起唱歌:"红的墙,绿的窗,金色的屋顶亮堂堂。"

赏析:

对金色房子的描写,全文重复用了"红的墙,绿的窗,金色的屋顶亮堂堂",节奏感强,朗朗上口,有助于幼儿熟悉、理解和记忆作品的内容。小姑娘不让动物朋友们走进她的漂亮房子,用的是结构相近的句式"你……,会……的",句中还用了象声词,产生了语言的音乐感,增强了阅读的趣味性。小姑娘从拒绝到欢迎朋友们到家做客,运用前后对照的手法,帮助幼儿建立友好的同伴关系,逐步塑造良好的个性。动物朋友们对小姑娘的热情也是温馨感人的,体现了友谊的纯真。

教学建议:

1. 创设游戏情境导入

教师创设游戏情境:森林里举行了一次"房子大比拼"活动,很多小动物都过来参赛了,大家一起来评一评谁家的房子最漂亮。最后,小姑娘的房子获胜了,她的房子究竟长什么样呢?我们一起来看一看、听一听。

2. 欣赏故事

教师一边播放无声动画片,一边讲述故事内容。教师讲述时注意语气、神态、表情的变化,将小姑娘前后不同的态度和情绪表现出来。

3. 理解故事前半部分

教师可以结合图片、实物等设计提问,师幼讨论:

①小姑娘的房子是什么样子的?你觉得这个房子漂亮吗?

②小姑娘去采花的时候,小羊、小鸟、小狗、小猴对她说了什么?小姑娘听了大家说的话,心情怎么样?

③小羊、小鸟、小狗、小猴想去小姑娘的房子里玩,小姑娘答应了吗?为什么?小姑娘是怎么说的?

4. 理解故事后半部分

教师再次讲述故事的后半部分或者播放故事视频,提问:

①小姑娘关上门后,在家里做什么?她感觉怎么样?

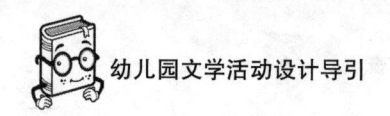

②她打开窗户看见了什么？小羊和小鸟是怎么邀请她来玩的？

③小姑娘最后有没有邀请小动物去她家玩？他们在小姑娘的房子里开心地唱什么歌？

5. 幼儿绘画

幼儿根据自己的想象和作品中的描述，绘出金色的房子，以增强对作品内容的理解。

6. 理解故事主题

教师可以组织幼儿围绕话题"为什么小姑娘一开始不让动物朋友们进金色的房子里玩，后来又主动邀请他们进来呢？"展开讨论，教师小结，幼儿领会故事主题。

7. 角色扮演

教师在引导幼儿熟悉作品内容和角色特点的基础上，开展故事表演游戏，可以分小组进行，让每个幼儿都有参与的机会。

8. 迁移经验，创造性表述

教师组织幼儿结伴讨论：如果有客人到你家做客，你会怎么欢迎他呢？幼儿结合自身的生活经验，讲述自己接人接物的方式，积累人际交往的方法。

9. 师幼评价

幼儿对故事进行评价，教师提问：你喜欢小姑娘吗？你觉得她是一个怎么样的人？你最喜欢故事的哪个环节？如果给故事起名字，你会起什么名字呢？

10. 拓展活动

教师还可以组织幼儿观察城市里不同的房子，并用摄像、绘画、手工等形式记录下来，开展一次"房子作品展"。

建议授课时数：

2～3课时。

―― 大　班 ――

雪孩子

雪下个不停，一连下了好几天。

一天，天晴了，兔妈妈要出门去。小白兔嚷着："妈妈，我也要去！"

兔妈妈说："好孩子，妈妈有事，你不能跟了去。"兔妈妈给小白兔堆了个雪孩子，小白兔有了小伙伴，心里真高兴，就不跟妈妈去了。

小白兔跳舞给雪孩子看，唱歌给雪孩子听。它玩累了，就回家睡午觉。"屋子里真冷，赶快往雪堆里添把柴！"

小白兔添了柴，把火烧得旺旺的，屋子里就暖和了。它躺在床上，合上眼睛，一会儿就睡着了。

火越烧越旺。哎呀，火把旁边的柴堆烧着了。可是小白兔睡得正甜，它一点儿也不知道。

"不好啦，小白兔家着火了！"雪孩子看见小白兔家的窗子里冒出黑烟，冒出火星，它一边喊，一边向小白兔家奔去。

"小白兔，小白兔，你在哪里？"雪孩子冲进屋子去，冒着呛人的烟，烫人的火，找呀，找呀，找到小白兔，连忙把小白兔抱起来，跑出屋子去。

小白兔得救了，可是雪孩子融化了，浑身水淋淋的。

这时候，树林里的小猴子、小刺猬，都赶来救火了，不一会儿，就把火扑灭了。

兔妈妈回来了，她说："谢谢大家来救火，谢谢大家！"

小猴子、小刺猬他们说："是谁救了小白兔，真得谢谢它呢！"

是谁救了小白兔？是雪孩子。可是雪孩子不见了，他已经化成水了。

不，雪孩子还在呢，瞧，太阳晒着晒着，它变成很轻很轻的水汽，飞呀，飞呀，飞到天空里去，变成了一朵白云，一朵美丽的白云。

赏析：

这篇作品兼有情感性和知识性，作品中的童话形象刻画生动，适合幼儿阅读。作品中兔妈妈对小白兔的爱、小白兔与雪孩子的纯真友谊、雪孩子的舍己为人和小猴子、小刺猬的乐于助人，读起来真挚感人，积极情感的体验有利于幼儿良好个性的形成。作品结尾处理得非常艺术，并没有突出雪孩子的"死"，而是写他变成了美丽的白云，符合幼儿心理的想象。作品中的知识点雪—水—水汽的变化过程虽不是重点，但能让幼儿对此有初步的认识。

教学建议：

1. 谜语导入

教师把雪人编成谜语，用谜语导入：雪花飘，他就到，站雪里，戴草帽。身穿一件白皮袄，不怕冷来就怕热，只能站岗不能跑，猜猜这是谁？你们玩过堆

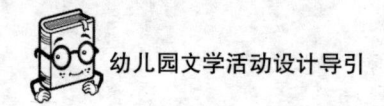

雪人吗？今天小白兔的妈妈也给小白兔堆了一个雪孩子，他们还在一起唱歌跳舞呢，你们想不想听听这个《雪孩子》的故事？

2. 欣赏故事

教师讲述故事或者播放故事动画，讲述前设计简单问题，幼儿带着问题专注地倾听故事，教师提问：小白兔家里发生了什么事？雪孩子最后怎么了？

3. 理解故事内容

教师设问，幼儿初步理解故事内容：

①小白兔和雪孩子一起玩累了，想回家做什么？它感觉怎么样？幼儿模仿小兔子，做出又困又累和很冷的样子。

②小白兔觉得家里很冷，做了一件什么事屋子就暖和了？

③小白兔的家怎么着火了？雪孩子是怎么救出小白兔的？幼儿展开想象，模仿雪孩子救小白兔的动作。

④还有谁也过来帮忙救火了？兔妈妈回来了，她说了什么？幼儿尝试用兔妈妈的口吻模仿妈妈说话，表达感激之情。

⑤雪孩子去哪里了？它最后变成了什么？

幼儿模仿故事人物的动作、语言、神态等，一方面帮助幼儿理解故事人物，另一方面为后面的角色扮演做铺垫。

4. 再次欣赏故事

教师播放故事动画，组织幼儿开展主题讨论："雪孩子最后化成水了，为什么说它还在呢？你喜欢雪孩子吗？为什么呢？"教师展示雪化成水、水变成水汽的过程（图片或者视频），让幼儿对知识点雪—水—水汽的变化过程有初步的认识，同时对雪孩子的助人行为和品质进行思考。

5. 升华主题，创造性表述

教师结合幼儿的生活经验，引导幼儿进一步理解故事主题："如果你的朋友遇到了困难，你会怎么帮助他呢？"教师可以根据班级幼儿情况列举具体的困难，帮助幼儿进行思考和迁移。

6. 幼儿绘画

教师让幼儿画自己心目中的雪孩子，雪孩子的形态、神情、颜色等可以由幼儿自由发挥。

7. 角色扮演

在幼儿进行角色扮演之前，幼儿必须对所要扮演角色的语言、动作、神情等有较为深入的了解。教师提问，幼儿掌握故事角色的形象特点，开展故事表演游戏。

8. 复述故事

幼儿根据教师提供的图片提示，尝试复述故事。

9. 续编故事

故事结尾提到"雪孩子还在"，因此教师可以提问："你觉得雪孩子还会回来吗？如果雪孩子回来了，你想对他说什么呢？还会发生什么事呢？"幼儿展开想象，对故事进行续编。教师可以把幼儿分成若干小组，一组3～4人，幼儿先在组内分享自己续编的故事，教师再邀请每个小组的幼儿代表进行分享。

建议授课时数：

2课时。

大班

会走路的树

春天的早晨，小鸟在窝里睁开眼睛，她看见温暖的阳光中有一棵金色的小树在走来走去。

"你是一棵会走路的树吗？"小鸟忍不住问。

"嗯，一棵挺不错的树呢。"小树呵呵笑着，停在了鸟窝旁边。

"我妈妈出去给我找吃的东西了，我很想到下面玩一玩，可我不会飞。你能让我爬到你的身上坐一坐吗？"小鸟说。

"当然可以。来吧！"小树又朝鸟窝靠了靠——这下，小鸟可以不费劲地攀住树枝了。

小鸟坐在枝丫间东张西望。"世界真美呀！"她高兴地说。玩了好一会儿，她才让小树把她送回家。

"明天你还来吗？"小鸟依依不舍地问。

"会来的。"小树很肯定地说。

第二天，小树真的又来了。这次，他带小鸟到外面散了一会儿步。小鸟看见了许多从没见过的东西，还看见了另外一棵树。两棵树亲热地挤在一起，小鸟从

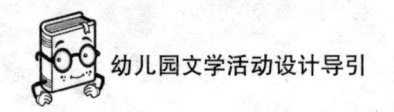

这棵树跳到那棵树上，又从那棵树上跳到这棵树上，快活极了。

从这以后，两棵树天天来陪着小鸟。小鸟跟着他们去了许多地方，看见了许多有趣的东西。

终于有一天，小鸟长大了，会飞了，不再满足在这些低矮的树枝间跳来跳去了，她向两棵树告别，飞向更高更远的地方……

第二年春天，已经做了妈妈的小鸟又回到小时候出生的地方，她坐在窝里等啊等啊……

一头美丽的鹿走了过来，金色的角在阳光下显得很好看。

"你也是一棵会走路的树吗？"小鸟问。

"对呀，人们都叫我驯鹿。"年轻的驯鹿抬起头说，"你大概就是我爸爸常常提起的那只小鸟吧？"

"去年的那棵树，原来是你的爸爸呀！"小鸟叫起来，"那么，另外一棵树就是你的妈妈喽！"

"是的，是的！"年轻的驯鹿也激动起来。他让小鸟飞到他金色的角上，一起去看他的爸爸妈妈。

小鸟想：不是所有的树都会走路；而能够坐在会走路的树上尽情玩耍，也不是每只鸟儿都能得到的幸福呀！

赏析：

树是植物，怎么会走路呢？题目引发的有趣悬念，使作品内容有情有趣地展开，引起幼儿阅读的兴趣。作品中的小鸟对外面的世界充满了好奇，渴望去游玩、探索，这和幼儿好奇心强、喜欢探索新事物的心理一样。小鸟对小树的依赖、小树对小鸟的承诺和细心照顾，使他们结下了单纯真诚的友谊，倡导了人与人之间要真诚和友爱、互助和团结。作品结尾，小鸟第二年春天飞回，和小驯鹿一起去看望他的爸爸妈妈，场面既温馨又让人激动，给人留下无限的想象。

教学建议：

1. 创设情境导入

教师创设情境，将幼儿带入童话世界：小朋友们（出示图片），在草木茂盛的树林，在鲜花盛开的草地，就在这个美丽的地方发生过一个有趣的故事：一个春天的早晨，阳光明媚，树林里的鸟儿们都唱起了欢乐的歌。在一棵树上，一只刚出生不久的小鸟，探着头，东看看，西瞧瞧。忽然，小鸟惊叫起来了……小朋友们，你们猜猜，小鸟看到了什么？原来她看到了一棵会走路的树，小鸟的心情会怎样？它们会发生什么事呢？我们一起走进这个美好的童话故事。

2. 欣赏理解故事第一部分（前8段）

教师借助多媒体课件，深情生动地讲述故事，教师提问，幼儿理解故事内容：

①小鸟看到了这棵会走路的树，非常好奇，它问了什么？小树是怎么回答的？教师请幼儿模仿小鸟和小树说话的语气和神情，邀请幼儿表演两个角色的对话和动作。

②小鸟对小树提了一个什么要求？小树答应了吗？小鸟在树上做什么？

③小树明天还会来吗？你从哪里知道的？小树到底会不会来呢？我们接着往下看。

3. 欣赏理解故事第二部分（9—11段）

教师继续讲述故事，设计提问：

①第二天小树真的来了，它带小鸟去了哪里？小鸟看见了什么？

②小鸟跟着小树去了很多地方，看到了很多有趣的东西，你们猜猜看，小鸟可能去了哪些地方？看到了哪些有趣的东西？幼儿展开想象，自由表达自己的猜想。

③小鸟长大了会飞了，它向小树告别的时候，心情怎么样？它会对小树们说些什么话呢？幼儿尝试为人物增加对话，并进行表演。

4. 欣赏理解故事最后部分

教师继续讲述故事，设计提问：

①第二年春天，小鸟又回来了，它遇见了谁？小鸟问了什么？小鹿是谁呢？原来会走路的树是一种什么动物？教师出示驯鹿的图片，向幼儿简单地介绍驯鹿的特征。

②小鸟跟着小驯鹿去看他的爸爸妈妈，它会说些什么呢？后面还会发生什么事呢？幼儿对故事进行续编。

5. 完整欣赏故事

教师完整地讲述故事，组织幼儿开展主题谈论："小鸟喜欢小树吗？为什么？小树对小鸟好吗？从哪里看得出来？"经过师幼讨论，使幼儿理解其中的纯真友谊。

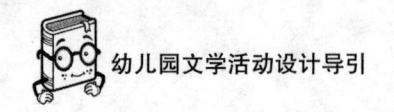

6. 角色表演

幼儿在熟悉作品内容和角色特点的基础上，三个人结伴进行角色表演。

7. 师幼评价，美句朗诵

教师引导幼儿对故事进行评价："你喜欢这篇童话故事吗？最喜欢哪一部分？为什么？你觉得故事中哪些句子最优美？"

教师与幼儿共同朗诵美句，幼儿学习和积累文学语言。

建议授课时数：

1～2课时。

大班

老爷爷的帽子

冬天到了，北风呼呼地吹，天气很冷。有一只小鸟真可怜，它在树枝上冷得直发抖。

一位老爷爷走来，看见了小鸟，心想：这只小鸟多可怜呀，这么冷的天，它一定会冻死的。

小鸟对老爷爷说："风把我们的窝吹走了，我们没有家了。"老爷爷说："别着急，我来帮你们想办法。"老爷爷就用自己的帽子给小鸟做鸟窝，帽子真暖和。

小鸟想到树林里还有许多怕冷的小鸟，就把它们都叫来，一起飞进了老爷爷的帽子。它们非常感谢老爷爷。以后老爷爷也天天来看小鸟，小鸟们每次都唱歌给老爷爷听。

有一天老爷爷没有来，原来他病了。小鸟想：一定是爷爷把帽子给了我们，自己着凉生病了，我们赶快给老爷爷做顶帽子吧。小鸟们就用自己的羽毛做了一顶帽子送给老爷爷。老爷爷非常感谢小鸟，他的病很快就好了。

赏析：

这是一篇教育性童话故事，《老爷爷的帽子》故事情节简单，对话淳朴，穿插了童话角色的心理活动，故事以"相互关心"为主题，以"老爷爷关心小鸟，小鸟回报老爷爷"为故事线索，把我们带入了一个善良、温馨、和谐、充满爱的世界，带领幼儿正确认识社会应该有的样子。现在，一些人只知道满足自己的需要，而不会考虑别人的情绪和感受，缺乏同情心，不懂得关心、帮助别人。这篇童话故事可以教育幼儿学会生活，学会关心，温暖身边的每一位亲人、朋友，从而树立良好的心态，热爱生活，感受帮助他人带来的快乐。

教学建议：

1. 创设情境

教师出示小鸟图片，与幼儿共同讨论：冬天到了，北风呼呼地吹，天气很冷，有一只小鸟冷得直发抖，好可怜，怎么办呢？有一位老爷爷也看见这只可怜的小鸟了，我们来听听这位老爷爷是怎么帮助小鸟的。

2. 欣赏故事

教师声情并茂地讲述故事。为了增强故事的可视性，吸引幼儿注意力，提高幼儿的有意识倾听能力，教师可以播放一些音效，如"呼呼的北风""小鸟的叫声"等。

3. 师幼讨论，理解故事前半部分

教师提问："谁看见了小鸟？老爷爷心里是怎么想的？小鸟对老爷爷说了什么？老爷爷用了什么办法帮助树林里的小鸟？"

在师幼讨论后，教师可以邀请幼儿轮流扮演小鸟和老爷爷，练习两个角色之间的对话，加深幼儿对角色情感的理解。

4. 深入提问，理解故事后半部分

教师提问："老爷爷那天为什么没有来看小鸟？小鸟为老爷爷做了什么事情？最后老爷爷病好了吗？"

教师可以出示用鸟的羽毛做的各种帽子，师幼共同欣赏。

5. 再次欣赏故事

教师的第二次讲述可以用视频、动画等不同的方式，以激发幼儿再次欣赏的兴趣。

6. 以绘画的方式加深对作品的理解

教师提问："老爷爷用帽子给小鸟做了什么样的鸟窝？这个鸟窝住了哪些小鸟？这些小鸟的心情怎么样？"

幼儿在分享自己的想法后，把自己的想象画下来。

7. 迁移经验，改编故事

幼儿思考与讨论："如果是你，你会怎么帮助这只冷得发抖的小鸟呢？"

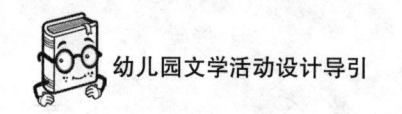

幼儿尝试把自己的想法编成故事，改编故事内容。

8. 分享故事，升华情感

教师小结： 在小鸟需要帮助的时候，老爷爷用自己的帽子给它营造了一个温暖的鸟窝，这只小鸟没有独自享用，而是邀请了树林里的小鸟一起飞进这个新家，当老爷爷生病的时候，小鸟们也牺牲了自己的羽毛为老爷爷送去了一份温暖，在生活中，每个人都困难的时候，我们需要相互关心、相互帮助。小朋友，你有没有帮助过别人？有没有人帮助过你？我们一起来分享一下。

建议授课时数：

1～2课时。

大班

会动的房子

小松鼠在树顶上住腻了，于是决定在地面上重新建造一座房子。

在大树底下，它发现了一块大石头，由七块小石头拼成，很硬，也很光滑。小松鼠说："嘿，就在这上面造一座房子！"房子终于造好了，忙了一天的小松鼠也累了，在新家里睡着了。

"呼呼呼！"什么声音？小松鼠被吵醒了。推开一看，呀！自己在美丽的山脚下，小风吹奏起动听的山歌。真奇怪，昨天还在树下，今天却来到了山沟下。可小松鼠又一想：没关系，山沟下也挺好的，有动听的山歌做伴。

第二天，又传来"哗哗哗"的声音。小松鼠推开窗一看。呀！又来到了大海边，浪花发出欢快的歌声。小松鼠这下可乐了："我的房子会动，我的房子会动！"现在，小松鼠又有浪花声做伴。

第三天，小松鼠想，今天我来到哪儿啦！推开窗一看，呀！眼前是一片大草原，马儿在嗒嗒地奔跑。小松鼠禁不住在房子里手舞足蹈。

突然，传来一个声音，"小松鼠呀，快别乱动。"咦，是谁呢？是这块硬硬的大石头？"小松鼠你真粗心，把房子盖在我的背上，我驮着你走过了许多地方。"小松鼠低头一看，原来是乌龟，那硬硬的大石头竟然是乌龟的背。小松鼠惭愧得脸都红了，赶紧说："你，你累坏了吧？"乌龟说："不，这下我们俩可以做伴了。"

赏析：

故事从题目开始设计悬念，经过一波三折后，在故事结尾揭晓答案，整个故事紧紧地牵着幼儿的眼球。故事篇幅较短，线索单一，设计的悬念也不长，既吸引了幼儿阅读学习的兴趣，也符合幼儿的认知特点和水平。故事中的拟声词"呼呼呼""哗哗哗""哒哒"将幼儿带到了三个美丽的地方，可以激发与培养幼儿的想象力。故事结尾，小松鼠与乌龟的对话，既揭开了谜底，也展示了小松鼠的歉意和乌龟的包容，对于幼儿形成良好的同伴关系有着积极的作用。

教学建议：

1. 调动幼儿生活经验，师幼讨论导入

师幼讨论："你见过哪些房子？这些房子是什么样子的？你们见过会动的房子吗？（出示小松鼠图片）今天小松鼠来我们班做客了，它说它盖了一座会动的房子，这个房子还带小松鼠去了很多好玩的地方，我们一起来听听小松鼠的故事吧。"

2. 幼儿欣赏故事

教师结合幻灯片生动地讲述故事内容，教师提问："小松鼠把房子造在哪里？"幼儿带着问题认真专注地欣赏故事。

3. 幼儿理解故事内容

教师出示相应的故事图片，提问：
①小松鼠一开始住在哪里？它为什么要重新建造一座房子？
②小松鼠在大树底下发现了什么？大石头长什么样子？
③第一天小松鼠的房子去了哪里？它是怎么想的？
④第二天，小松鼠的房子去了哪里？它说了什么？
⑤第三天，小松鼠的房子又去了哪里？小松鼠的心情怎么样？
⑥小松鼠到底把房子盖在了哪里？乌龟对小松鼠说了什么？

教师在幼儿的回答后，可组织幼儿模仿小松鼠的动作和语言，感受小松鼠的心情变化，感知理解故事中的词汇"奇怪""乐了""手足舞蹈""惭愧"等。

4. 幼儿再次欣赏故事

教师播放故事视频，幼儿再次欣赏理解故事，教师组织幼儿进行讨论：小松鼠的房子先后去了哪些地方？听到了什么声音？这些地方都有些什么？教师把幼儿分成小组，一组3人，每组一份图片（山脚下、大海边、大草原），幼儿根据故事内容将图片进行排序，并与同伴讲述房子的旅程。教师邀请个别幼儿上台分享，给幼儿创设更多想说、敢说、愿意说的机会。

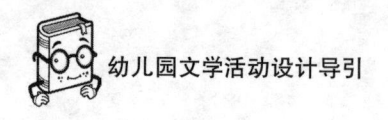

5. 迁移经验，续编故事

教师提问："如果你是小乌龟，你还会将小松鼠的房子带到哪里去呢？小松鼠还会听到什么声音？"

教师邀请幼儿讲述自己的想法后将续编的内容绘画下来。

6. 表演对话，升华情感

幼儿表演故事结尾部分小松鼠和乌龟的对话，思考与讨论：小松鼠发现房子盖在乌龟的身上后觉得很惭愧，向乌龟表示了歉意，乌龟没有怪他，反而觉得小松鼠是自己的好伙伴，你的好伙伴是谁？你和你的好伙伴之间有什么有趣的事情吗？

建议授课时数：

1～2课时。

大班

梨子提琴

有一天，小松鼠从树上爬下来，到地上来玩，看见一个大梨子。他找来一把刀，把梨子对半切开，一股香味飘散开来。"好香啊，好香啊！"小松鼠吃了半个梨子，把剩下的半个梨子做成了一把小提琴。

小松鼠坐在树枝上拉起了小提琴，拉出来的琴声好听极了，还带着一股香味。这样好听的音乐，森林里从来没有过。

这时候，有一只狐狸在追一只小野鸡，小野鸡一边哭，一边拼命地跑："救命啊！救命啊！"小野鸡吓得尖声乱叫。突然，好听的音乐传到了狐狸的耳朵。呀，真好听，狐狸对小野鸡喊道："喂，你别跑啦，我不追你啦，我要去听音乐。"

这时候，在森林里的另一个地方，有一头狮子在追一只小兔子，小兔子一边哭，一边拼命地跑："救命啊！救命啊！"小兔子吓得尖声乱叫。突然，好听的音乐传到了狮子的耳朵。呀，真好听，狮子对小兔子喊道："喂，你别跑啦，我不追你啦，我要去听音乐。"

小松鼠还在树上拉小提琴。森林里许多动物都来了，脚步轻轻地，在松树下坐下来。

小松鼠拉呀，拉呀，星星也来听，月亮也来听，优美的音乐好像果子蜜流到动物们的心里去了，大家都觉得心里甜蜜蜜的。

森林里，真安静。狐狸让小野鸡躺在他的大尾巴上，这样，小野鸡听音乐会觉得更舒服些。狮子让小兔子躺在他的怀里，这样，小兔子听音乐会觉得更暖和些。

小松鼠拉着拉着，突然，从小提琴上掉下来一粒东西，落到地上不见了。

第二天，地上长出一棵小绿芽。小松鼠拉小提琴给绿芽听，听到琴声，小绿芽呼呼地直往上长，很快长出了一棵大树，大树上结出很多很多的梨子。

小松鼠说："这些果子，都可以做提琴呢。"

小松鼠把梨子摘下来，送给动物们。大家用这些梨子做成了各种提琴。

动物们不再追来打去，他们每天学拉提琴，到了有月亮的晚上，就都到松树下来开音乐会。

赏析：

梨子是吃的水果，但在小松鼠手里变成了一把小提琴；狐狸追吃小野鸡、狮子追杀小兔子是森林里不变的法则，但在小松鼠的琴声中，狐狸和小野鸡、狮子和小兔子成了好朋友，小野鸡跟在狐狸的后面、小兔子跟在狮子的后面来到松树下，小野鸡躺在狐狸的尾巴上、小兔子躺在狮子的怀里一起听音乐；梨子的种子——小嫩芽的生长是需要时间的，但在小松鼠的琴声中很快长成了大梨树，还结了很多很多梨子。这些违反常理和跳跃式变化的情节是幼儿学习该文学作品兴趣的主要来源，也使幼儿品味和体验音乐魅力成为可能。

教学建议：

1. 创设情境导入

实物导入。教师出示梨子，并把梨子切成两半，请幼儿发挥想象，说说半个梨子像什么。教师导语：这是什么？你觉得这个梨子像什么？如果把梨子切开，看起来又像什么？有一天，小松鼠捡到了一个大梨子，它把梨子切开，变成了一样东西，这样东西还能发出音乐呢，你们听（教师播放小提琴乐曲片段），小松鼠把梨子变成了什么？你觉得这把梨子小提琴拉出的音乐怎么样？你听了想怎样？

设置悬念导入。教师出示动物们相互依偎友爱和谐的图片。教师导语：今天早上，森林里发生了一件奇怪的事情，狮子不追兔子了，狐狸不追野鸡了，动物们不再追来打去了，究竟是什么力量让动物们那么友爱呢？你们猜一猜森林里发生了什么事？我们来听听到底发生了什么事情。

音乐导入。教师播放小提琴音乐曲，幼儿分享听后的感受。教师导语：今天老师带来一首好听的曲子，你们听听（教师播放乐曲），这首曲子好听吗？听了

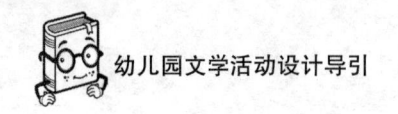

感觉怎么样？刚才这首曲子是小松鼠用梨子做成的提琴拉出来的，里面还有一个好听的故事呢，我们一起来听听。

2. 欣赏故事

教师播放故事幻灯片，完整讲述故事，教师在讲述"小松鼠坐在树枝上拉起了小提琴"时，可以哼唱小调子；讲述"还带着一股香味"时，教师可以闭上眼睛做深呼吸的动作，就像闻到了梨子的香味；讲述"森林里，真安静"时，停顿时间可以稍长，让幼儿也感受安静的时刻。同时，教师要注意在语调、语速上突出动物们在听到音乐前后的变化，突出梨子小提琴音乐的奇妙。教师也可以中途提问，引发幼儿的有注意倾听，例如，在讲述"落到地上不见了"后，教师可以问："从小提琴上掉下来的是什么东西？"

3. 初步感知故事

教师可以请幼儿说说听故事后的感受。教师导语：这个故事好听吗？听了有什么感觉？我们也听着这个乐曲，做一个我们喜欢的姿势。

4. 再次欣赏理解故事

第二次讲述，教师可以采用播放动画片的方式，帮助幼儿更加直观生动地感知故事内容。幼儿通过讨论与模仿，初步理解故事内容。教师提问：

①小松鼠坐在树枝上拉起了小提琴，小松鼠是怎样拉小提琴的？教师请幼儿模仿小松鼠拉小提琴的样子。

②狐狸在追野鸡，听到好听的音乐后，它说了什么？它说话的声音是怎样的？为什么它会这样说话？教师请幼儿学一学狐狸说的话。

③狮子在追一只小兔子，听到好听的音乐后，它说了什么？它说话的声音是怎样的？为什么它也会这样说话呢？教师请幼儿学一学狮子说的话。

④小松鼠拉的小提琴真好听，动物们都爱听音乐，就连凶猛的动物也不做坏事了，还有谁也来听音乐了？优美的音乐好像有什么流到大家的心里去了？为什么说音乐像果子蜜呢？

⑤小提琴上掉下的是什么？小绿芽听到琴声后变成了什么？树上结出了很多梨子，动物们用这些梨子做成了什么？有了各种提琴后，森林里发生了什么事情？原来森林里有了优美的音乐后，动物们都不再追来打去了，在有月亮的晚上，聚在松树下开音乐会，森林里真快乐啊。

5. 主题讨论

围绕"优美的音乐使森林和谐快乐"的主题，教师组织幼儿开展讨论，并通过绘画，想象动物们安静听音乐的情景。教师提问："为什么动物们听到优美的音乐后都不追来打去了呢？狐狸和野鸡、狮子和兔子是怎么听音乐的？为什么？你觉得还会有哪些动物来听音乐呢？它们又是怎样听音乐的？"在师幼充分讨论后，教师发放绘画工具，幼儿在绘画中体验动物们和谐相处的美好画面。

6. 续编故事

在故事中，优美的音乐使得动物们和谐共处，使得小绿芽一天之间长成了一棵大树，还结出了很多梨子，那优美的音乐还会使森林里发生哪些奇妙的事情呢？教师可以引导幼儿张开想象的翅膀，大胆地续编故事。

7. 迁移经验

音乐可以唤醒美好的心灵，如果在现实生活中，也有一把梨子提琴，幼儿会用来做什么呢？教师可以与幼儿一起畅谈。教师提问："如果你也有一把梨子提琴，你会用来做什么？你会给谁演奏优美的音乐呢？会发生什么美妙的事情呢？"

建议授课时数：

2课时。

大班

寄给蛤蟆的信

蛤蟆坐在门口的小凳子上。青蛙从外面走过来，奇怪地问："你怎么了，蛤蟆？你看上去很不开心。"

"我真的很不开心，这是我一天中最难过的时候。每天，我都在等朋友的来信，可每次都没有信。"蛤蟆不高兴地回答。

"你一回也没收到过信吗？"青蛙奇怪地问。

"一回也没有。"蛤蟆答道，"谁也不给我写信，我的信箱天天是空的。我天天等信，天天没信，天天不开心。"

青蛙和蛤蟆坐在门口，一起难过起来。

"我现在得回去了。"青蛙突然说，"我回家有事，必须马上去。"

说完，他三步并作两步地跑回了家。

回到家里，他飞快地写起信来，写完就装进信封里。信封上是这样写的："给蛤蟆的一封信"。

他跑出屋子，看到了老朋友——蜗牛，就对她说："蜗牛妹妹，麻烦你把这封信送到蛤蟆家，放到他家的信箱里，好吗？"

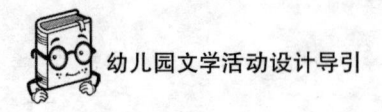

"没问题，我马上就去。"

蜗牛一走，青蛙就又跑回蛤蟆家。蛤蟆正躺在床上睡觉。

"蛤蟆，我想你应该马上起床，再到外面等一会儿，看看有没有来信。"

"我不想起来了，老是等信，我都等累了。"

青蛙透过窗子向蛤蟆家的信箱望去，蜗牛还没有赶到。青蛙转过身来说："别人什么时候给你寄信，你怎么会知道呢？还是去等吧。"

"不，不，我想谁也不会给我写信的。"

青蛙又向窗外望去，还是不见蜗牛的影子。青蛙安慰蛤蟆说："蛤蟆，今天可不一样，今天会有你的信。"

"不会的，"蛤蟆说："以前没人给我寄信，今天也不会有人给我寄信。"

青蛙又往窗外看了看，蜗牛还是没来。

"青蛙，你怎么老往窗外看呢？"蛤蟆忍不住问道。

"我正在等你的信。"

"唉，不会有信的。"

"不，会有信的，我刚才给你寄了一封信。"

"你说的是真的吗？你在信中写了什么？"

"我写道，"青蛙回答，"亲爱的蛤蟆，我很高兴有你这样一个最好的朋友。"

"噢，这封信写得太棒了！"

青蛙和蛤蟆一起到门外去等信。他们坐在门口，非常开心。他们等啊等啊，等了很长时间，蜗牛才爬到蛤蟆家，把那封信交给了蛤蟆。蛤蟆高兴得又蹦又跳。

赏析：

故事讲述了性情开朗的青蛙和性情忧郁的蛤蟆之间的友情故事，"友情"是童话中常常表现的主题，但这篇童话的表达方式非常别致。蛤蟆感到很不开心，因为从来没有人给他寄过信。青蛙虽然是他的好朋友，但他们天天见面，用不着寄信。但是青蛙为了让朋友开心，实现蛤蟆收到信的愿望，就回家给蛤蟆写了一封信。如果故事就这么写下来，虽然创作目的达到了，但显得太平淡。作品别具构思的地方是：青蛙请蜗牛帮忙送信，造成了故事的起伏。结果，青蛙不得不先把信的内容告诉蛤蟆，并和朋友一起等待。在等候中，两个朋友很快活，友谊也越来越深。优秀的童话作品，无一不以想象奇特和构思巧妙著称。

教学建议：

1. 创设情境导入

教师创设情境，导入故事。教师导语：小朋友们，森林里的邮政局举办了一年一度的集邮大赛，这个比赛只能收集自己信箱中的书信邮票。看看哪个小动物收集最多，谁就可以获得冠军！许多小动物都运用了互相写信的方式获得邮票，但是蛤蟆却在发愁，这是为什么呢？让我们一起去听一听，看一看吧！

2. 欣赏故事

教师利用故事幻灯片或者手偶讲述故事，讲述时须将蛤蟆前后情绪的变化表现出来，教师可以根据故事情节的发展，中途提问，引发幼儿对故事情节的猜测，但是提问次数不宜多，以免影响幼儿完整欣赏故事的需要。例如在讲述完"青蛙突然说，'我回家有事，必须马上去'"时，教师可以提问："你们猜猜，青蛙回家做什么呢？会不会有人给蛤蟆送信呢？我们听听接下来会发生什么事情。"

3. 理解故事前半段

师幼讨论，幼儿理解故事的前半部分，教师提问：

①青蛙看到了蛤蟆，它说了什么？蛤蟆为什么很不开心？蛤蟆为什么每天都坐在门口的小凳子上？它一回也没收到过信吗？

②青蛙三步并作两步跑回家做什么？"三步并作两步"是什么意思？为什么青蛙要着急赶回家呢？它在信封上写了什么？

4. 再次欣赏故事

教师再次讲述故事。讲述前，教师提问："请小朋友再仔细听听，青蛙让谁去送信了？青蛙来到蛤蟆家，对蛤蟆说了什么？它往窗外望了多少次？青蛙寄给蛤蟆的信中写了什么？"

5. 理解故事后半段

教师提问：

①青蛙让谁去送信了？蜗牛当天能把信送到吗？为什么？它们等了多少天，蜗牛才把信送到？

②青蛙马上跑到蛤蟆家，对蛤蟆说了什么？蛤蟆还会去等信吗？为什么？

③青蛙往窗外望了多少次？它为什么要往窗外看呢？青蛙第一次往窗外看时说了什么？蛤蟆相信有人给它送信吗？青蛙第二次往窗外看时说了什么？蛤蟆相信了吗？第三次青蛙又说了什么？

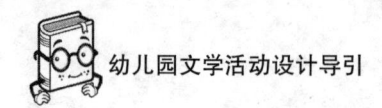

④青蛙寄给蛤蟆的信中写了什么？蛤蟆听了高兴吗？蛤蟆和青蛙最后等到信了吗？当蛤蟆读信时，心情是怎么样的？小朋友们一起来模仿一下蛤蟆笑得合不拢嘴的样子，看看谁最像。

因为角色对话是表现这段故事内容的主要方式，在师幼讨论后，教师可以邀请幼儿表演故事后半段中青蛙与蛤蟆的对话，在表演后教师让幼儿谈谈青蛙与蛤蟆各自的心情。幼儿初次表演时，也许对角色对话不够熟悉，教师可以给予提示。

6. "心情接力"操作游戏

蛤蟆在青蛙的关心与帮助下，心情发生了一系列的变化，也正是这些变化体现了它们之间可贵的友谊，教师可以制作"蛤蟆表情卡片"，让幼儿根据故事中蛤蟆的心情变化进行排序，并说一说排序的理由，帮助幼儿进一步理解故事内容。教师导语：现在我们来玩一个"心情接力"的游戏，按照故事中蛤蟆的心情变化，将这些表情卡片进行排序，说一说你这样排序的理由。

7. 主题讨论

幼儿围绕主题展开讨论，使幼儿知道友谊是要相互关心与帮助的，培养幼儿的同理心。

教师导语：当青蛙知道蛤蟆从来没有收到一封信时，它是什么心情？为什么它和蛤蟆一样都觉得很难过？后来，蛤蟆知道青蛙给它寄了一封信，两个人坐在门口等信时，青蛙又是什么心情？为什么青蛙也和蛤蟆一样快乐？

8. 迁移经验

将作品的间接经验与幼儿的生活经验相结合，帮助幼儿更好地感悟友谊。

教师导语：你的好朋友是谁？如果你的好朋友心情不好，你会用什么方法让他开心起来呢？

9. 制作信件

教师组织幼儿采用绘画的方式，给自己的好朋友"画"一封信。

建议授课时数：

2课时。

课后拓展与练习

选择一篇你喜欢的童话故事，分析故事中人物的形象特点，梳理故事发展的线索，阐明故事主题，并设计一次教学活动方案。

第六章 幼儿生活故事的设计与组织

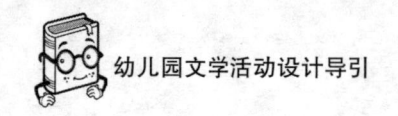

第一节 幼儿生活故事的特点及讲述要求

一、幼儿生活故事的特点

幼儿生活故事以幼儿为主要形象，直接反映幼儿生活，是对幼儿生活的艺术再现，作为幼儿故事的一种类型，幼儿生活故事具有自身独特的艺术特征。

1. 具有较强的生活气息与教育意义

在幼儿文学的体裁中，幼儿生活故事最贴近幼儿生活，是幼儿在家庭和幼儿园内外生活的真实写照。幼儿童话故事是借助幻想，虚构生活中不存在的人物、故事情节，幼儿生活故事则撷取幼儿日常生活中的某些现象、片段、事例编织而成，有的甚至直接运用真人真事进行构思。幼儿生活故事的作用之一是引导幼儿关注自己，正确认识自己，从而更好地适应社会。因此，幼儿生活故事的主题与幼儿成长息息相关，往往是缘于幼儿成长教育中需要解决的问题，如诚实与说谎、勇敢与鲁莽、自私与分享等，既可以从正面褒扬优良思想品德和模范行为，引导幼儿积极向上，追求美好的东西，也可以委婉地批评错误行为和缺点，启发幼儿的思考。例如，生活故事《珍珍唱歌》，讲述妈妈带着珍珍到陈阿姨家玩，两个孩子在客人面前唱歌的不同表现，刻画了忸怩腼腆的珍珍和大方耿直的石娃，两个孩子的对比，会让幼儿对照生活中的自己，思考自己的行为，从而更好地把握主题。所以，与其他幼儿文学体裁相比，幼儿生活故事具有较强的生活气息和教育意义。

2. 具有浓郁的幼儿生活情趣

虽然幼儿生活故事有着较强的教育意义，但并非简单的说教，而是寓教于生活中。一篇优秀的幼儿生活故事，不仅有着鲜明的主题，而且具有童真童趣。生活故事的情趣产生于浓郁的生活气息中，主要蕴藏在故事情节和人物的描述里。那天真的思想、纯净的心灵、稚气的情感、朴拙的行为举止，加上幽默风趣的语言，无不让幼儿感到情趣盎然。他们会迅速把自己融入故事情境中，并油然而生一种亲切感，唤起愉快的体验，引起心灵的共鸣。例如，生活故事《听鱼说话》所要表现的主题是关爱动物、同情弱小，作者巧妙地设计了祖孙两人的对白，首先琼儿对蚯蚓挂上钓钩的担忧引发了外公听蚯蚓"说话"的童心，而琼儿对躺在草地上小鱼的不忍心以及"听"出小鱼说的话，流露出善良纯洁的童心，故事语言风趣幽默，浓厚的生活气息扑面而来，充满了童真童趣，外公童心未泯，乐观豁达，善解人意，让小鱼儿重获新生。

3. 故事单纯而又略有曲折

受限于幼儿的语言理解水平与思维特点，幼儿文学作品的情节大多是单纯的，线索单一，即情节沿着一条线索发展，并贯穿到底，一般没有倒叙、插叙，枝节藤蔓不多，但故事结构完整，情节生动曲折。幼儿生活故事也不例外，故事情节单纯而不平直，短小而有波折。例如，幼儿生活故事《蓝色的树叶》，故事围绕莲娜向卡佳借绿色铅笔的线索展开情节，借笔的过程是曲折的：卡佳不肯借，但又说不出口，开始了一次又一次的推诿，几经周折，卡佳终于答应借给莲娜，但"紧紧地皱着眉头，一脸的不乐意"。作者笔锋一转，莲娜不要这只绿色的铅笔了，宁可把树叶涂成了蓝色，故事最后一句话点出主题"要好好地给，别人才肯接受"。整个故事线索清晰简明，一波三折，没有说教评价，小读者却能很自然地理解到在同伴需要帮助时的推诿和托词对同伴的伤害。

二、幼儿生活故事的讲述要求

①讲述前应把握故事的主题，明确故事的中心思想，分析故事展开的线索，厘清故事情节变化的走向。分出讲述的层次后，讲述时便能做到清晰明了，层层递进，将小读者带入故事的生活情境中。例如，生活故事《六个娃娃七个坑》，故事情节单纯曲折，作者围绕寻找"失踪"的孩子这一线索，巧妙地设计悬念，使得情节跌宕起伏。故事可以分为四个层次：第一层，七个小男孩在沙滩、河里欢快玩耍；第二层，符兰齐克和孩子们一起点数，发现少了一个人，大家开始慌了；第三层，他们用树枝在河里救"人"，却拖出一支破皮靴，孩子们急哭了（高潮）；第四层，打鱼的老伯用坐坑点数的方法，发现人数不多不少，孩子们又欢喜起来。故事层次分明，若能把握每个层次的情节、情绪，讲述时便能紧紧扣住小听者的心弦。

②讲述前应分析故事人物的特点，设计人物的动作、语调、神情等。生活故事中的人物为生活中的人物，语言风格更接近现实，语言表达及态势语更接近或就是现实生活中人的表现，夸张的成分相对较少。但讲述时依然要抓住故事中刻

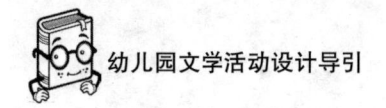

画描写人物的动词、形容词等词汇，将人物的形象特点鲜活地表现出来。例如，生活故事《张老师的脸肿了》，要抓住描写达达前后情绪变化的词句，如"眼睛瞪得大大的""使劲点点头""认认真真地听着""急坏了""急得结结巴巴""大声嚷着"等，将达达在误会产生前和误会消除后的神情表现得淋漓尽致，张老师的描写虽然不多，但"笑笑，摸摸""又是笑笑，没说话""咯咯地笑了起来"把张老师的和蔼可亲、亲近孩子的形象成功地塑造了起来。

三、幼儿故事学习的意义与目标

幼儿生活故事与幼儿童话同属于故事范畴，幼儿教师在活动的教学设计与组织中，所运用的方法是相通的，幼儿从中获得的认知、能力及情感亦类似。因为幼儿生活故事来源于幼儿的真实生活，反映的是幼儿的年龄特点、思想及需要解决的问题。因此，幼儿接触生活故事，可以在文本中对照自己，思考自身的行为，学习与模仿故事中的正面行为与品德，养成良好的生活习惯，形成健康、积极、阳光的个性，崇尚美好，追求行为美、思想美和心灵美。幼儿生活故事的年龄段目标参考第五章中幼儿童话的年龄段目标。

第二节　幼儿生活故事的赏析与教学建议

小班

佳佳迟到了

妈妈抱佳佳上幼儿园，总是到得最早最早。

今天佳佳迟到了。

佳佳很不好意思，低着头，眼睛偷偷地向屋子里瞧……

阿姨看见了，笑嘻嘻地问："佳佳，你怎么迟到啦？"

佳佳说："我自己走来的。"

阿姨抱起佳佳，亲亲他的小脸蛋说："佳佳，真乖。"

佳佳悄悄地告诉小朋友："我迟到了，阿姨还表扬我哩。"

小朋友嚷起来："我也要迟到！我也要表扬！"佳佳摇摇头说："不，我是自己走来的。"

小朋友又嚷起来："我也是自己走来的。"

佳佳听了，又摆手，又摇头："不，不，在路上快点儿走，就不迟到了。"

第二天，许多小朋友都要自己走，他们蹦蹦跳跳走在妈妈前面……没一个小朋友迟到，佳佳到得最早最早。

阿姨忙着给小朋友擦头上的汗水，一边擦，一边高兴地说："小朋友都乖！小朋友都乖！"

小朋友你望着我，我望着你，圆圆的小嘴巴，笑得像朵小喇叭花，真美。

赏析：

小班幼儿刚上幼儿园，对父母的依赖性较大，部分幼儿要爸爸妈妈抱着来幼儿园。故事以佳佳自己走路上幼儿园迟到为开端，以"阿姨"对佳佳的表扬为引

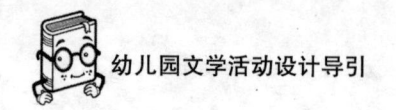

子，引发了小朋友们为了得到表扬而争相走路上学的系列故事，塑造了一个个懂事乖巧的幼儿形象。故事线索简单清晰，教育意义浅显，符合小班幼儿爱模仿、喜欢受到关注的心理特点，对于小班幼儿适应幼儿园生活、减少分离焦虑有较大意义。故事中，"阿姨"的话语虽简略，却折射出她对佳佳和小朋友的关心与爱护，一个笑容可掬的形象跃然纸上。

教学建议：

1. 谈话导入

师幼谈话，教师提问："今天咱们班有没有小朋友迟到呀？为什么迟到了呢？有一个小朋友，名字叫'佳佳'，她今天上学也迟到了，你们猜猜她为什么会迟到？"教师鼓励幼儿大胆表达自己的猜想，激发幼儿听故事的兴趣。

2. 欣赏故事

故事情节比较简单，教师可以直接讲述故事，配上形象恰当的体态语，如"很不好意思""眼睛偷偷地向屋子里瞧""悄悄地""嚷起来"等，帮助幼儿在头脑中想象和塑造故事人物形象。

3. 理解故事

教师提问：

①佳佳平时都是到得最早最早的，可是为什么今天迟到了？佳佳迟到了，她觉得怎么样？佳佳觉得很不好意思，低着头，偷偷地向屋子瞧，请小朋友来模仿佳佳的表情和动作。幼儿理解词汇"不好意思""偷偷地""瞧"等，教师对幼儿的表演进行评价和鼓励。

②佳佳迟到了，为什么阿姨还要表扬她呢？

③其他小朋友也想迟到得到表扬，佳佳是怎么对他们说的？

④第二天，没有一个小朋友迟到，这是为什么呢？

4. 再次欣赏故事

教师再次讲述故事，组织幼儿表演故事中佳佳与小朋友对话的环节。教师先帮助幼儿熟悉和记忆人物的语言，理解词汇"嚷起来"，学习人物的动作，再进行角色扮演。

5. 迁移经验，主题讨论

"请小朋友开动脑筋想一想，怎样才能做到每天上学不迟到呢？"教师将幼儿的回答写（画）在黑板上，整理归纳不迟到的方法。

6. 升华主题，学唱歌曲

幼儿跟唱儿歌《不用妈妈抱》，学习和感受歌词"小鸟自己飞，小猫自己跑，我们都是好宝宝，走路不用妈妈抱……"，在上学和放学的路上能做到不用妈妈抱。

7. 师幼评价

小班幼儿评价能力较弱，教师可以向幼儿提问："你喜欢佳佳吗？为什么？你觉得佳佳是一个怎么样的小朋友？"并与幼儿一起对故事人物进行评价，提高幼儿的评价能力。

建议课时数：

1～2课时。

小 班

脏小手

军军真顽皮，整天爬上爬下，弄得小手可脏了！玩着玩着，他口渴了便想回家喝水。刚一进门，他看见桌子上盘子里的葡萄，伸手抓起来就吃。

中午妈妈回来为军军准备午饭，喊军军回来吃饭，军军听了连忙从厕所里跑出来，手也没有洗就坐下吃饭了。

到了晚上，妈妈被军军一阵阵"痛死我了，痛死我了……"的喊声惊醒，她连忙奔到军军的屋中，只见军军满脸是汗，捂着肚子在床上直打滚。这下可把妈妈给急坏了，她连忙抱着军军去了医院。医生给军军仔细地做了检查后，对军军说："你吃坏了肚子，得了急性肠炎了。"军军问："我明明吃的是妈妈烧的菜，怎么会得病呢？"

"那是因为你的小手上有很多我们看不见的细菌，这些细菌被带到肚子里，你就生病了。"医生耐心地解释道。

军军这才明白了，他低着头，难过地说："原来是我自己害了自己，以后吃东西前我一定把手洗得干干净净。"

赏析：

这是一篇健康常识类的故事，作品指出部分幼儿饭前不洗手的错误认识和习惯，故事内容非常贴近幼儿生活，适合小班幼儿学习。孩子的认知发展有限，缺

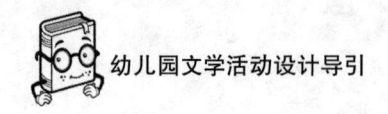

乏对卫生、细菌、疾病等相关概念及因果关系的认识，加之病菌特殊的存在方式，导致孩子对手的卫生与疾病的引发等关系认识不清，常常嫌洗手麻烦而不认真洗。学习健康常识类的故事有利于幼儿了解洗手的重要性，从小养成勤洗手的好习惯。

教学建议：

1. 音乐导入

教师与幼儿一起唱《洗手歌》。

教师导语：今天是星期一，军军小朋友的妈妈打电话给老师说，军军生病了，肚子痛，今天不能上幼儿园了，军军为什么会肚子痛呢？我们一起去他家看看。

2. 欣赏理解故事

教师播放故事动画或者借助多媒体课件讲述故事，提问：

①医生说，军军得了什么病？军军吃的是妈妈烧的菜，为什么会得肠炎呢？教师请幼儿模仿军军捂着肚子痛的样子，感知"捂"这一动作。

②军军有哪些不讲卫生的坏习惯？他最后知道错了吗？他是怎么说的？幼儿学习军军说的话。

3. 设计对话，角色表演

通过设计人物对话的方式，帮助幼儿习得讲卫生的习惯。教师提问："如果你是军军的好朋友，你想对军军说什么？"教师可以邀请幼儿轮流扮演军军，进行人物对话表演，激发幼儿与同伴交流的兴趣。

4. 续编故事

基于小班幼儿的语言组织能力，教师可以引导幼儿对故事进行简单续编。教师提问："军军从医院回来以后，他改掉他的不讲卫生的坏习惯了吗？他会怎么做呢？"教师可以先请语言表达能力较强的幼儿作示范，鼓励幼儿大胆地说、清楚地说，教师将幼儿续编的内容简单地记下来，然后把幼儿续编的内容编入原文，幼儿体验续编的乐趣和成就感。

5. 迁移经验，创造性表述

教师设问，幼儿思考自身的生活卫生习惯。教师提问："老师发现我们班有很多小朋友都很讲卫生，你们都来说说，你有哪些讲卫生的好习惯？"幼儿与同伴自由交流后进行分享。

建议课时数：

2课时。

中班

东东西西打电话

东东和西西同时从家里跑出来。东东是去找西西的,西西是去找东东的,他们在路上碰见了。

东东说:"西西,我告诉你,我家装电话了。"

西西说:"东东,我也告诉你,我家也装电话了。"

"我现在就给你打电话。"

"好!我也给你打电话。"

东东和西西跑回家,同时拿起了电话。

咳!忘记问电话号码了!他们就奔出来,又在路上碰到了,你问我,我问你,"你家的电话号码是多少?"然后,又记着号码往家里奔去。

东东念叨着西西的号码,按着电话钮,听见的是"嘟——嘟——嘟"的声音,没有听见西西问:"喂,你是东东吗?"

西西也一样,听见的只是"嘟——嘟——嘟"的声音,没有听见东东问:"喂,你是西西吗?"

他们打了好久,全是"嘟——嘟——嘟"。东东想:他家的电话怎么一直是嘟嘟嘟的?西西想:他家的电话怎么一直是嘟嘟嘟的?忽然,他们都明白了,这是忙音。

"西西在打给我,所以,我打过去要嘟嘟嘟了。"东东心里说。

"东东在打给我,所以,我打过去要嘟嘟嘟了。"西西心里说。

于是,他们又都聪明起来,谁也不先打了。东东想:让西西先打过来吧。西西想:让东东先打过来吧。他们就这样趴在桌子上等着……

赏析:

这篇故事叙述两个小朋友因为家里安装电话而奔走相告并约定给对方打电话的经过,散发着浓郁的幼儿生活气息。作品得益于运用的巧合法和误会法。围绕打电话这条线索,作者巧妙设置情节,把两个孩子的心理和行动同步安排,使之不谋而合,制造出一连串喜剧效果,栩栩如生地描绘了两个善于动脑筋、遇到问题会思考的活泼可爱的幼儿形象。故事在带给幼儿游戏般的轻松愉快感的同时,也让他们品尝因家庭生活变化所带来的温馨与甜蜜。结尾的"等",既在情理之

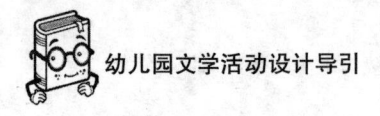

中，又在意料之外，让人回味无穷。

教学建议：

1. 游戏导入

教师与幼儿一起玩打电话游戏。游戏规则：先由教师打电话给一名幼儿，教师用手做打电话状，说："喂，你好，请问是 A 小朋友吗？我是老师。"A 小朋友听到后接电话回答："老师，你好，我是 A。"接着由 A 小朋友选择下一位幼儿用同样的方式打电话。

游戏后，师幼讨论："你有没有主动打电话给别人？你是怎么打电话的呢？东东和西西两个小朋友家今天都安装了电话机，我们来听听他们两个是怎么打电话的？"

2. 音乐导入

教师与幼儿唱儿歌《打电话》，师幼讨论（与上述相同）。

3. 幼儿欣赏故事

教师可以利用自制的故事卡片讲述故事。教师注意用不同的语调塑造东东和西西不同的个性，根据故事内容调整讲述的节奏，突显故事的趣味性。

4. 幼儿理解故事

教师提问，幼儿理解故事内容：

①东东和西西都从家里跑出来，他们去哪里？他们碰见后，东东说了什么？西西说了什么？你觉得他们说话的语气有什么不同？（教师请幼儿模仿东东和西西说话的语气和样子，虽然他们说的话几乎一样，但依然可以引导幼儿展开想象，在头脑中形成两个不一样的人物形象。）

②他们跑回家，拿起电话，打通了吗？为什么？他们是怎么做的？

③东东和西西记下了对方的电话号码，第二次打通电话了吗？只听见什么声音？东东和西西心里是怎么想的？

④最后他们打通电话了吗？为什么？东东和西西心里又是怎么想的？

5. 讲述与提问相结合

教师也可以采用边讲述边提问的方式，吸引幼儿倾听故事的兴趣。例如："东东和西西跑回家,同时拿起了电话，你们猜猜他们能打通电话吗？为什么呢？""他们打了好久，电话里全是"嘟——嘟——嘟""的声音，你们知道这是怎么回事吗？"

6. 迁移经验，创造性表述

围绕打电话的主题，教师结合幼儿生活经验，提问："你和你身边的小朋友打过电话吗？你们打电话都说些什么？"幼儿分享自己的生活经历。

7. 游戏环节

幼儿先找到一个好朋友，教师提供自制的传声筒，发给幼儿，幼儿与好朋友打电话，自由交谈，体验与同伴交流沟通的快乐。游戏结束后，教师邀请幼儿分享与好朋友打电话的过程和感受。

8. 幼儿复述故事

幼儿根据教师提供的图片线索，尝试复述故事。

9. 迁移经验，创造性表达

教师围绕打电话的主题，创设新的故事情境：动物园里也要安装电话了，你们猜猜是哪些动物家里安装了电话？谁给谁打电话了？他们会说些什么？

建议课时数：

2～3课时。

大班

我是哥哥

你别看我小，我可是哥哥。不管什么事情，妹妹都学我。

早晨，我叠被，她也叠被。我扫地，她给我拿簸箕。打针吃药她不哭，阿姨说她不错。妹妹回答说："我都学我哥哥。"

这一天我上学，她缠着我讲故事。我一急，拉了她的小辫子。我想想不对，回家对她说："我拉你的小辫子是我不好，不过我有事情的时候你别缠着我。"妹妹转身就跑，去找比她小的小三子："刚才我打你的头是我不好，不过你别扔小石子。"妹妹样样学我，我万一做不好的事，她也一定跟我学。到那时候人家批评了她，她就要说："我哥哥是那样的，我是学我哥哥的。"

赏析：

爱模仿是幼儿的天性，年幼的模仿年长的是孩子生活中的普遍现象。本文就叙写了一个妹妹事事都跟哥哥学的故事，暗示小朋友要处处学好，为比自己更小

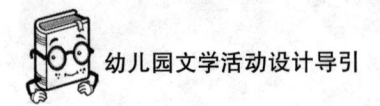

的孩子树立好榜样，尤其是在开放二胎的时代，非常适合中大班的幼儿阅读与学习。故事只把几个前后并无直接联系的场景罗列在一起，没有贯穿始终的线索。尽管如此，其所叙事例仍不乏幼儿情趣。故事结尾"我哥哥是那样的，我是学我哥哥的"，一句简单话语突显了一个哥哥应有的形象，属于画龙点睛之笔。

教学建议：

1. 师幼游戏，谈话导入

教师与幼儿玩游戏"模仿秀"，教师做一个动作，幼儿模仿，看看哪个幼儿模仿得最像。

教师导语：刚才的游戏好玩吗？在生活中，有没有人也喜欢学你的样子？你们已经是大班的哥哥姐姐了，有些小朋友家里也多了弟弟妹妹，弟弟妹妹最喜欢模仿哥哥姐姐了，你们怎样做弟弟妹妹的榜样呢？今天老师带来一个故事，你们听听这个哥哥是怎么做的。

2. 欣赏故事

教师借助多媒体课件讲述故事，注意用重音突出"哥哥"的自豪感，如句子"别看我小，我可是哥哥"。

3. 幼儿理解故事

教师提问：

①妹妹样样都学哥哥，妹妹学哥哥做了哪些事？

②哥哥做了一件什么事，回家向妹妹道歉了？哥哥是怎么说的？教师请幼儿学学哥哥说话的语气和样子。

③妹妹为什么转身去找小三子？她说了什么？教师请幼儿学学妹妹说话的语气和样子。

④妹妹样样都学哥哥，哥哥应该怎么做呢？幼儿学说"我哥哥是那样的，我是学我哥哥的。"

4. 再次欣赏故事

教师第二次讲述故事，可以用填词的方式与幼儿共同讲述故事，如"别看我小，＿＿＿＿，不管什么事，＿＿＿＿。早晨我叠被＿＿＿＿，……"，为后面的幼儿复述减少记忆负担。

5. 幼儿小组讨论

幼儿3～4人一组，教师给每个小组提供1～2张图片，图片的内容是哥哥或姐姐的行为。幼儿根据图片内容讨论图片中哥哥姐姐的行为是否正确，为什么？

应该怎么做？幼儿小组讨论后进行集体分享，以小组讨论、集体讲述相结合的方式给幼儿创造与同伴交流、表达自我的机会。

6. 幼儿复述故事

教师提供图片线索，幼儿尝试复述故事。

7. 拓展活动

教师组织本班的幼儿轮流到中班或小班去帮助弟弟妹妹，如给小班的幼儿讲故事、演唱一首儿歌等。

建议课时数：

1～2课时。

大班

数楼梯专家

小弟弟有个奇怪的爱好，他爱数楼梯。

每当来到一个不熟的地方，他都要数一数那儿的楼梯有几级，在他那个圆溜溜的小脑袋里，可记着好多数字呢。

例如，爸爸的办公楼，每层有十九级楼梯；妈妈工作的托儿所，每层有十七级楼梯；自己读书的学校，每层楼梯是十八级；姑姑家的楼梯呢，是十二级。大家都说弟弟是数楼梯专家。

昨天晚上，弟弟陪奶奶看电影回来，走廊里的灯坏了，楼梯上漆黑一片。

奶奶很担心，弟弟说："奶奶，不用怕，我们家的楼梯一共是十六级，我扶着您慢慢数着走好了。"

"一二三四……"当数完十六级时，已经到了二楼家门口了。

爸爸听见弟弟的敲门声打开房门时，奶奶笑着说："多亏'数楼梯专家'陪着我，要不可麻烦了！"弟弟得意地笑了，就像他有了什么发明创造似的。

赏析：

故事以小弟弟爱数楼梯为线索，描述小弟弟从爱数楼梯到记忆楼梯级数再到运用楼梯级数解决生活问题，层层递进，描写了一个细心观察周围生活、爱动脑筋思考问题的幼儿形象，讲述了一个祖孙间温情的故事。大班幼儿善于观察周围的事物，积累了一定的知识生活经验，喜欢用自己特有的方式探索未知的世界。

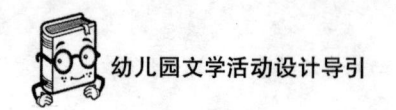

本篇故事贴近幼儿的心理特点，幼儿在阅读时能与故事中的"小弟弟"产生共鸣。故事中楼梯的级数是"小弟弟"点数的结果，大班幼儿基本已经掌握20以内的手口一致点数，符合幼儿的认知水平，能激发幼儿学习的兴趣，同时也便于幼儿将故事中的间接经验迁移到生活中。

教学建议：

1. 以"爱好"为主题，谈话导入

教师导语：每个人都有自己特别喜欢做的事情，例如我特别喜欢放风筝，这是我的爱好，小朋友，你的爱好是什么呢？有一个小弟弟他有一个奇怪的爱好，他爱数楼梯，每当来到一个不熟的地方，他都要数一数那儿的楼梯有几级，我们和小弟弟一起来数数楼梯吧。

2. 教师出示图片，师幼数楼梯

教师可以与幼儿看图片集体数楼梯，也可以请个别幼儿上来数，形式可以多样，激发幼儿数数的兴趣。

①教师出示图片一，教师导语：这是小弟弟爸爸的办公楼楼梯，我们和小弟弟一起数一数，每层楼有几级楼梯（教师与幼儿一起数楼梯）。

②教师出示图片二，教师导语：这是小弟弟妈妈工作的托儿所，小弟弟说，这里每层有十七级楼梯，是不是呢？我们一起来数一数。

③教师导语：你们猜猜小弟弟还数了哪里的楼梯？（教师根据幼儿的猜想，出示图片三）对了，小弟弟还数了幼儿园的楼梯，我们先来数一数，看看和小弟弟数的是不是一样。

④教师导语：小弟弟去他姑妈家的时候，也没忘记数楼梯呢，我们和小弟弟一起来数一数吧（教师出示图片四）。

⑤教师导语：你们猜猜小弟弟有没有数自己家的楼梯级数呢？我们一起来听听他的故事就知道了。

3. 欣赏与理解故事

教师借助故事图片完整地讲述故事，设计提问，幼儿理解故事内容。

①小弟弟家住几楼？每层楼梯一共是多少级阶梯？走廊的灯坏了，楼梯上漆黑一片，小弟弟是怎么帮助奶奶安全回到二楼的家的？

②为什么大家都说弟弟是数楼梯专家呢？什么是专家？你还认识哪些专家？教师显示职业照片，与幼儿讨论每行每业的专家，帮助幼儿理解词汇"专家"。

4. 师幼评价

教师提问："你喜欢这个小弟弟吗？为什么？你觉得他是一个怎样的小朋友？你身边有没有像小弟弟一样爱动脑筋的人？"

5. 迁移经验，创造性表述

大班幼儿对理想开始有了憧憬，教师根据幼儿的心理特点展开提问："你长大以后想成为什么专家？怎样做才能成为专家呢？"教师要鼓励幼儿发散思维，大胆表述自己的想法，对幼儿给予肯定和引导。

6. 幼儿绘画

幼儿将自己刚才讲述的理想用自己的方式画下来，教师把幼儿的画装进信封里，交给家长保存，对幼儿的成长有较大的意义。

7. 拓展活动

在上下楼梯时，教师可以与幼儿一起数幼儿园每层楼梯的级数。

8. 亲子活动

家长带幼儿外出活动时，有意识地与幼儿一起数每个地方的楼梯级数，帮助幼儿养成善于观察的习惯。

建议课时数：

2课时。

大班

小奇傻不傻

小奇是个聪明的孩子，功课也挺好，可是，有时候又有点傻乎乎的。

有一次，邻居阿婆送给小奇一块冰砖，嘱咐他："快吃，孩子。"小奇把冰砖放在碗里，用小调羹尝了一口，啊，真好吃！这么好吃的东西，他舍不得吃掉，最好等妈妈回来，跟妈妈一起吃，你一口，我一口，多么开心！

小奇把冰砖放进柜里，坐在门口等妈妈。过了很久，妈妈才回来。小奇高兴地叫着："妈妈，快吃冰砖，是邻居阿婆给我的。"他把冰砖拿来一看，愣住了。哪里还有什么冰砖！碗里只有小半碗牛奶哩！妈妈过来一看，笑着说："啊，冰砖早化了。傻孩子，你干吗不自己吃？"

小奇抓着头皮说："我光想着跟妈妈一起吃，忘了冰砖会化。"

有一次，妈妈快下班的时候，天下起雨来。小奇正跟小朋友打羽毛球，他赶

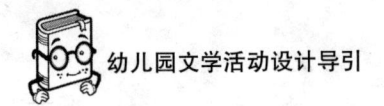

紧放下球拍，说："我给妈妈送雨伞去。"

小奇拿了一把伞，跑到公共汽车站那儿，等妈妈回来。等了一辆又一辆，妈妈还没回来。

风，大起来了。

雨，密起来了。

小奇动也不动，等着等着，每来一辆车，就睁大眼睛瞧着车门。

等到第七辆，车门开了，妈妈从车上跳了下来。

"妈妈！"小奇跳起来，高声叫着："雨伞，给你！"

妈妈接过伞，高兴地笑了。她打起伞，拉过小奇来，说："好孩子，快回家。"

这时，妈妈忽然发现小奇的头发和身上都有点湿，而雨伞却是干的。她奇怪地问："刚才，你为什么不打伞？"

小奇说："伞是给你的。"

妈妈说："你不能打着伞等我？傻孩子！"

小奇又抓着头皮说："我光想着给妈妈送伞，忘了自己被雨淋了。"

小朋友，你说小奇傻不傻呢？

赏析：

故事运用重复的写作手法，讲述了小奇两件类似的事情，描述了小奇的"傻"，故事童真，语言纯朴。作品本身没有多少教育意义，更多地展现稚拙的幼儿情趣。稚与拙是婴幼儿固有的生命和行为状态，这种稚拙并非愚昧或者无知的表现，而是婴幼儿的一种思维方式和行为方式。这篇作品的稚拙美主要表现在内容上，展现的是小奇的心理和生活，当被妈妈问话时，小奇抓着头皮说"我光想着……，忘了……"，很好地诠释了小奇因为爱妈妈而显示出的稚与拙，让读者在扑哧一笑的同时，也被这种纯挚的爱感动，也许小小的读者也有着与小奇类似的生活经历呢。

教学建议：

1. 以"爱妈妈"为主题，谈话导入

教师导语：你们爱你们的妈妈吗？你为妈妈做过什么事情？（鼓励每个幼儿用简短的话语讲述）当你帮妈妈做事的时候，妈妈高兴吗？她会说什么？小奇很爱妈妈，她是一个很聪明的小朋友，可是妈妈常常说小奇是个傻孩子，这是为什么呢？我们来听听小奇的故事。

2. 欣赏理解事件一

教师讲述故事中的事件一，讲述时注意用清新的语调体现出小奇的稚气。教师提问：

①邻居阿婆送了什么给小奇？为什么阿婆叮嘱小奇快吃呢？那么好吃的冰砖小奇吃掉了吗？为什么？

②妈妈过了很久才回来，小奇对妈妈说什么了？冰砖还在碗里吗？为什么呢？妈妈说了什么？小奇是怎么回答的？幼儿学习小奇和妈妈说话的样子，邀请幼儿扮演"妈妈"和"小奇"进行角色表演，感受小奇的心理活动。

③妈妈说，小奇是傻孩子，你觉得呢？为什么？

3. 幼儿欣赏理解事件二

教师讲述故事中的事件二，教师注意使用动作和表情表现小奇站在雨里等妈妈的样子，教师提问：

①天下起雨来了，小奇为妈妈做了一件什么事情？

②小奇在哪里等妈妈？他是怎么等妈妈的？你猜猜小奇这个时候会说些什么呢？幼儿模仿小奇拿着雨伞等妈妈的样子，展开想象，为小奇增加独白语言。

③小奇终于看到妈妈了，他对妈妈说了什么？他是怎么说的？请小朋友来模仿一下，妈妈又说了什么呢？幼儿扮演"妈妈"和"小奇"进行故事表演。

4. 幼儿主题讨论

教师提问，幼儿与同伴围绕话题进行讨论。教师提问："小朋友们，你觉得小奇是真的傻吗？为什么？你认为小奇是一个怎样的小朋友？"幼儿自由选择同伴进行讨论，教师参与幼儿的谈论并鼓励幼儿大胆表达自己的看法。

5. 升华主题，创造性表述

教师小结：人在专注想着或做些一件事情时，就容易遗忘了其他事情，例如你们的爸爸妈妈投入地工作时，就会忘记了吃饭和睡觉，小奇心里光想着妈妈，就会忘记了冰在常温下会融化，忘记了自己也会被雨淋湿。小朋友们，你们有没有像小奇一样，做过一些"傻事"呢？幼儿在理解故事主题的基础上，分享自身的生活经历。

6. 改编故事

教师提问："如果你是小奇，你也会像小奇一样做吗？你会怎么做呢？"幼儿积极开动脑筋思考，将自己的想法编进故事，尝试改编故事。

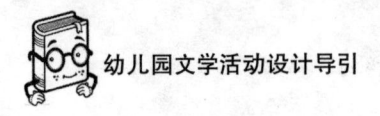

建议课时数：

2课时。

课后拓展与练习

①请结合例子说一说，什么是幼儿生活故事？幼儿生活故事与幼儿童话故事有什么区别？

②请阅读以下幼儿生活故事《鸟树》，参考以上案例，尝试为这篇作品写200字左右的赏析。

鸟树

幼儿园的院子后面，有一排篱笆，篱笆上爬满了花儿。

早晨，冬冬和扬扬正在篱笆旁边玩儿，忽然，"扑"的一声，什么东西打在扬扬头上，又落到地上，把扬扬吓了一跳。他们一看，啊，原来是一只黄绒绒的小鸟。

小鸟扑腾扑腾地扇着翅膀，一蹦一跳，向篱笆逃去。

"不好了，小鸟要逃走了！"冬冬张开小手，扑了过去，像捉蚱蜢一样，把小鸟捉住了。小鸟急得叽叽喳喳叫。

扬扬着急了，说："快放开手！小鸟会给你捏死的。"

冬冬也很着急："放开手，它会逃走的，怎么办？"

扬扬从口袋里掏出一个哨子，把哨子上的绳子解下来，拴住小鸟的腿。

他们把小鸟放在草地上，小鸟叫了一阵，扑腾了几下，就安静下来了。

冬冬和扬扬看看小鸟，小鸟眼睛圆溜溜的，也看看冬冬和扬扬，好像要对他们说什么，可是什么也没有说出来。

扬扬埋怨冬冬："你太使劲了，把小鸟捏伤了。""才不呢，你看它直喘气，是太累了。"

"对，对，你看，小鸟闭上了眼睛，想睡觉了！"

"早上它怎么会睡觉呢？"冬冬说，"一定是饿了，饿了就不愿意动了。"

"那我们就给它吃东西。"扬扬又在口袋里掏了掏，掏出一块碎饼干，还捉了几只蚂蚁，放在手心里，对小鸟说："快吃，快吃，爱吃什么，就吃什么。"

可是，小鸟闭着眼睛，连看都不看一眼。

"哦，我知道了，它一定想妈妈了。"冬冬想了一想说，"小鸟的妈妈一定在找小鸟。它找不到小鸟多着急啊,还会哭的。"

扬扬说:"对,上一回在公园里,妈妈找不到我,就哭了,我也哭了。"

正在这时候,飞来几只鸟儿,停在篱笆上,朝着冬冬和扬扬叽叽喳喳叫。

冬冬和扬扬一起喊:"小鸟妈妈,快来,你的小鸟在这儿呢!"可是,鸟儿叫了一阵就飞走了。

扬扬摇摇头说:"它们不是小鸟的妈妈。"

冬冬说:"小鸟是自己出来玩的,它的妈妈怎么知道它在这儿呢,我们把它放了,让它自己去找妈妈。""好,好,我们把它放了!"

冬冬小心地把绳子解开,对小鸟说:"小鸟,小鸟,你别生气了,快去找妈妈吧!"

可是,小鸟还是一动也不动——啊!它死了!

冬冬和扬扬心里很难过。他们对小鸟那么好,小鸟为什么死了呢?

冬冬转了转眼珠,突然说:"大班的哥哥把几颗花生埋在泥里,就能长出好多花生来,我们把小鸟埋在泥里,一定也会长出好多小鸟来的,你说对吗?"扬扬点点头。

他们挖了一个坑,把小鸟轻轻地放在坑里,又轻轻地给它盖上一层土,还从篱笆旁边的葡萄树上,折了一根枝条,插在那儿。

日子一天一天过去了。春天,雨淅沥淅沥下个不停。小草从泥里悄悄地伸出了绿色的脑袋。冬冬和扬扬插的那根枝条,也长出了绿芽。

这就是鸟树呀!冬冬和扬扬告诉他们的小朋友:这棵树长大了,会开出很多很多鸟花,鸟花又会结成很多很多鸟果,鸟果熟了,裂开来就跳出了很多很多小鸟。到那时候,小鸟每天从树上飞下来和我们玩。

后来,这棵"鸟树"真长大了。冬冬和扬扬呢,也长大了。他们在戴上红领巾的那天,高高兴兴地到幼儿园来,看望老师,看望他们种的那棵"鸟树"。他们已经知道,那不是一棵"鸟树",是一棵葡萄树。它爬在架子上,没有鸟花,也没有鸟果,身上挂着的是一串串亮晶晶的葡萄。可是,瞧!真的有一群小鸟停在树上,在快乐地唱歌呢!

第七章 精彩案例

案例一：小班儿歌《小白兔，盖新房》教学活动设计

活动名称	《小白兔，盖新房》	适用年龄班	小班
设计意图	一首优秀的儿歌，一定是幼儿饶有兴致地反复诵读的，《小白兔，盖新房》正是这么一首儿歌。它由三言、七言组成，交替的三言、七言，形成了鲜明的节奏感和韵律感，句尾押韵，朗朗上口。儿歌生活气息浓厚，篇幅短小，却将小兔子盖房子的过程描绘得生动有趣，画面感极强，洋溢着热闹、欢喜以及暖暖的友谊。最后的一句"原来忘了留个窗"，引得小读者忍俊不禁，儿歌的趣味性自然地流露出来 小班幼儿以直觉行动思维及具体形象思维为主，他们的思维须借助自身具体的动作进行，思维伴随着动作，在行动中思考，或者先做后思考，他们不能脱离动作而在动作之外思考，更不能做到先计划后行动，不能预见动作的结果。因此，在生活中，幼儿常常在行动之后有所顿悟，如幼儿在搭建好一个作品后，发现作品看似房子，便说"原来我拼的是房子"。该儿歌正是符合了幼儿这一点思维特点，幼儿在朗诵儿歌中既感到滑稽有趣，又情有可原 《幼儿园教育指导纲要（试行）》（以下简称《纲要》）指出，幼儿园活动的选择应体现："关注幼儿的需要，既贴近幼儿的生活来选择幼儿感兴趣的事物和问题，又有助于拓展幼儿的经验和视野。"在活动中，幼儿通过认识房子的结构，了解房子各个部分的作用，利用动作与形象的图片，掌握儿歌的关键词汇，拓展词汇量，在多种方式的朗诵中，进一步理解儿歌内容，感知儿歌的滑稽幽默，体验动物间互帮互助的友谊，发展想象力，提升语言表达能力		
教学课时数	1课时		
活动目标	理解儿歌内容，感知词汇"拿""扛"等； 能有节奏地朗诵儿歌，并进行创造性想象与表达； 感受儿歌的滑稽幽默，体验动物间互帮互助的友谊		
活动重难点	重点	感知词汇"拿""扛"等	
	难点	能有节奏地朗诵儿歌	
活动准备	知识经验	具有对房子的感性认识； 对儿歌的节奏有初步了解	
	材料准备	儿歌相关图片； 响板或快板	
	环境创设	在活动室墙面上展示各种房子的图片	

续表

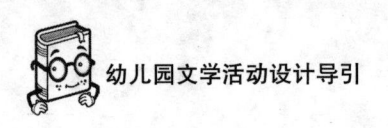

活动环节	活动过程	设计理念
开始部分	一、创设情境，引出房子 教师导语：小朋友们，你们知道吗？今天森林里特别热闹，小白兔、小猴、小狗都在高高兴兴地忙着做一件事情，你们猜猜，它们在做什么？原来是小白兔要盖一间新房子，可是房子是什么样子的呢？在盖新房子前，我们先和小兔子一起来认识房子	为儿歌创设故事情境，引发幼儿参与活动的兴趣
基本部分	二、观察房子，了解房子结构及作用 教师导语：你们见过哪些房子？图片中的房子是什么样子的？房子都是由哪些部分组成的？房子为什么要有屋顶呢？窗户是用来做什么的呢？ 实施要点：教师出示房子不同角度的图片，与幼儿共同观察与讨论小房子的结构以及各个部分的作用，这是幼儿理解儿歌内涵的前提。教师也可以将该环节作为活动前的一次活动内容，即提前做好知识准备	多样化的房子图片，既贴近幼儿的生活经验，也拓宽了幼儿的知识面
基本部分	三、欣赏儿歌，感知儿歌内容 1. 欣赏儿歌 教师导语：小猴、小狗是小兔子的好朋友，他们听说小兔子要盖新房，一起来帮忙了。在大家的帮助下，小房子盖得好漂亮啊，可是它们走进房子一看，里面黑漆漆的，怎么回事呢？小朋友们猜得对不对呢？我们一起听一听这首儿歌，它的名字叫《小白兔，盖新房》 实施要点：教师一边播放相关的图片，一边用响板或者快板有节奏地朗诵儿歌，朗诵儿歌可参照附文中的节奏类型。教师应鼓励幼儿结合自身生活经验，大胆地表达自己的猜想，支持幼儿的想象力 2. 再次欣赏儿歌 教师导语：小兔子房子的里面为什么会黑漆漆的呀？原来小兔子马大哈，盖房子的时候忘了留个窗，没有窗户，就没有阳光照进来，所以里面就是黑漆漆的。请小朋友再听老师朗读一遍儿歌，一边听一边想，小猴、小狗是怎么帮忙盖房子的？小兔子的新房子是什么颜色的、什么形状的呢？ 实施要点：教师引导幼儿回忆窗户的作用，分析房子黑漆漆的原因。教师在第二次朗诵儿歌之前，提出问题，既能帮助幼儿有意识地倾听儿歌内容，也能激发幼儿的想象力	借助打击乐器朗诵儿歌，将儿歌的节奏感与韵律感完美展现，给幼儿带来听觉上的享受和无穷的乐趣

续表

活动环节	活动过程	设计理念
基本部分	四、理解儿歌，朗诵儿歌 1. 理解儿歌 教师导语：小猴小狗是怎么帮忙盖房子的呢？"拿的拿，扛的扛"，它们拿的是什么？扛的是什么？轻的东西就用"拿"，重的东西就大家一起扛，你们帮爸爸妈妈、老师拿过什么东西？你们用肩膀扛过东西吗？我们一起来做一做"扛"的动作 实施要点：调动幼儿的生活经验，理解词汇"拿"，借助动作与图片，帮助幼儿掌握"扛"的意思。幼儿只有在理解了儿歌的重点词汇后，才能充分想象儿歌的画面，初步感知盖房子的过程，体验朋友间互帮互助的友谊 2. 再次理解儿歌 教师导语：现在我们一起来朗诵这首儿歌，老师来打节奏，我们一起朗诵，要跟着老师的节奏一起朗诵哦。现在老师只打节奏，请小朋友们一起来朗诵，老师听听谁朗诵的声音最好听。最后老师邀请小朋友上来朗诵 实施要点：教师采用从易到难的朗诵方式，帮助幼儿逐步独立朗诵，在朗诵中感知儿歌的节奏与特点，进一步理解儿歌	利用直观形象的图片、动作、朗诵等方式，帮助幼儿初步掌握儿歌内容，从而掌握重点
结束部分	五、升华主题，创造性表达 1. 升华主题 教师导语：盖房子是一件很麻烦的事情，如果小兔子一个人来做，也许完成不了，所以它需要别人的帮助，一个人的力量很小，但是一群人的力量就变得很大了。在幼儿园里、在家里，我们也要向小猴、小狗学习，主动帮助我们的朋友、爸爸妈妈，做一些我们能做的事情 2. 创造性表达 教师导语：小兔子的小房盖得好漂亮，小朋友们想一想，小兔子的房子是什么样的呢？屋顶是什么颜色、什么形状的？墙壁是什么颜色的？门又是怎样的？老师把房子画纸发给小朋友，请小朋友带回家，和爸爸妈妈一起给房子涂上你喜欢的颜色 实施要点：教师鼓励幼儿天马行空地想象，在集体面前，大胆地讲述自己心目中的房子，教师及时给予回应和肯定，提高幼儿的口头语言表达能力、想象力及自信心	引导幼儿体会儿歌的思想与情感是儿歌学习的重点。绘画是幼儿创造性表达的一种主要方式

续表

活动环节	活动过程	设计理念
活动延伸	家园共育：家长带领幼儿去观察各种房子，加深对房子的了解；家长与幼儿一起完成房子图的上色，并倾听幼儿的讲述 区域活动：在美工区投放房子图片与涂色工具；在阅读区投放主题为团结互助的绘本，如《蚂蚁与西瓜》 环境布置：将幼儿完成后的房子展示在班级作品墙上	

原文

小白兔，盖新房

小白兔，盖新房，　　×××，×××|
小猴小狗来帮忙。　×××××× ×|
拿的拿，扛的扛，　×.× ×.×|
小房盖得好漂亮。　×××××× ×|
进屋一看黑漆漆，　×××××× ×|
原来忘了留个窗。　×××××× ×|

案例二：中班诗歌《蝴蝶花》教学活动设计

活动名称	《蝴蝶花》	适用年龄班	中班
设计意图	《蝴蝶花》是一首童话诗，用优美凝练的语言，刻画了两个拟人化的角色形象：花蝴蝶与小草。诗歌分两节，篇幅不长，描述了一个简单而完整的故事情节，温馨美好、自由浪漫。小草的情绪变化是诗歌的情感主线，花蝴蝶的出现是点睛之笔 中班幼儿是整个幼儿期思维特点表现最为典型的时期，探索活动、操作活动都是幼儿比较适宜的学习方式。幼儿同伴交往的需求也比小班有所增大，社会交往能力也逐渐增强，与同伴的合作能力逐步发展 《纲要》中指出要"引导幼儿接触优秀的儿童文学作品，使之感受语言的丰富和优美"。在第一课时中，幼儿通过动作、分组合作角色扮演等方式，初步理解诗歌内容，感受诗歌意境美，积累优质的文学语言。在第二课时中，幼儿则通过操作游戏、多种形式朗诵等方式进一步理解与感受诗歌，并进行创造性想象与表达，感受诗歌中蝴蝶与小草的情谊，萌发对大自然的热爱，形成友善助人的良好个性		
教学课时数	2课时		

续表

第一课时			
活动目标	欣赏感受诗歌，初步感知"悲伤""孤单""陪伴"等词汇； 通过动作等方式理解诗歌内容，尝试分组表演诗歌； 感受诗歌童话般的意境，体验诗歌学习的乐趣		
活动重难点	重点	感知词汇"悲伤""孤单""陪伴"等	
	难点	理解诗歌内容，分组表演诗歌	
活动准备	知识经验	对蝴蝶的特征有所了解； 知道小草与花朵不一样	
	材料准备	儿歌相关图片、视频； 歌曲《蝴蝶，蝴蝶》； 背景音乐《梦花园抒情小调》	
	环境创设	在活动室上空吊挂蝴蝶图片	
活动环节	活动过程		设计理念
开始部分	一、欣赏歌曲，引出"蝴蝶" 教师导语：今天，老师带来一首好听的歌曲，你们听听歌曲里面有谁？蝴蝶漂亮吗？它是长什么样子的？蝴蝶头上长着两根触角，就像两条金丝，身上穿着花衣裳。它最喜欢什么呀？它最喜欢的是花儿。今天有一只花蝴蝶也来到我们班了，给我们带来了一首好听的诗歌，我们一起来听一听。 实施要点：教师播放歌曲《蝴蝶，蝴蝶》，与幼儿一起讨论蝴蝶的特点，为理解诗歌作好铺垫		听一听，说一说，在轻松愉快的氛围中自然引出主题
基本部分	二、整体感知，感受诗歌意境 1. 整体感知 教师导语：请小朋友仔细地听老师朗诵这首诗歌，一边听一边想，蝴蝶去了哪里？它遇见了谁？ 实施要点：教师播放轻音乐《梦花园抒情小调》，配上相应的幻灯片及合适的动作，用轻快柔和的声调朗诵诗歌，将小草前后的情绪变化以及花蝴蝶的关心演绎出来，帮助幼儿初步感受诗歌角色的情绪情感以及温馨优美的意境 2. 感受诗歌意境 教师导语：请小朋友来说一说，你听到了什么？你在听老师朗诵这首诗歌时，有什么样的感觉？		多媒体技术集"声""色""画""乐"于一体，能有效地跳动幼儿的各种感官，帮助幼儿更好地感受与欣赏

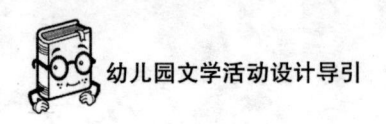

续表

活动环节	活动过程	设计理念
基本部分	三、初步感知理解诗歌 1. 教师再次朗诵诗歌第一节，理解词汇 **教师导语**：这只小小的花蝴蝶是怎么飞翔的？自由自在是什么意思？自由自在就是蝴蝶悠闲随意地飞，说明它的心情非常愉快，我们也来自由自在地飞一飞吧。接着它飞过哪里？遇见了谁？小草怎么了？你有没有悲伤过？我们来看看悲伤的表情 **实施要点**：教师提供蝴蝶自由自在翩翩起舞的视频以及悲伤的表情图，在师幼一起"飞翔"时，可以继续播放歌曲《蝴蝶，蝴蝶》，让幼儿体验蝴蝶轻快的心情，帮助幼儿进一步理解词汇"自由自在""悲伤" 2. 教师再次朗诵诗歌第二节，理解词汇 **教师导语**：小草说了什么？它会用什么语气来说？它为什么会觉得很孤单？原来小草是因为孤单而悲伤，花蝴蝶说了什么？它是怎样说的？它又是怎么陪伴小草的呢？教师请两位小朋友来扮演小草和蝴蝶，学习它们的对话和动作、表情 **实施要点**：教师引导幼儿理解小草悲伤的原因，借助视频帮助幼儿理解"花蝴蝶往草尖上一站"语句中的画面，感受蝴蝶的热情和友善 3. 教师整体朗诵诗歌，重点理解第三节 **教师导语**：有了花蝴蝶的陪伴，小草还觉得孤单吗？现在小草感觉怎么样了？为什么呢？经过花园的人们说了什么？小草因为没有花朵而觉得孤单，蝴蝶飞过来停在它草尖上，变成了一朵蝴蝶花，小草有了蝴蝶花的陪伴而变得快乐起来 **实施要点**：师幼讨论，帮助幼儿联系上文，理解"蝴蝶花"对于小草的意义	在文学作品的初步感知阶段，幼儿对词汇的认识是理解作品内容的关键，幼儿只有理解了词汇的含义，才能理解作品表达的真情实感
	四、分组表演诗歌 **教师导语**：现在老师邀请3个小朋友上来表演诗歌，一位小朋友扮演蝴蝶，一位小朋友扮演小草，另一位小朋友扮演路人。我们先一起来回忆蝴蝶、小草和路过的人们所说的话以及他们的表情和心情吧 **实施要点**：教师组织幼儿进行角色表演之前，再次帮助幼儿回忆与熟悉人物的对话、表情与动作，只有设身处地地扮演，才能进一步感受角色的形象特点，体会诗歌主题。教师将幼儿分为3人一组，每组轮流上来表演，教师读旁白	分组角色扮演，创设机会，让每个幼儿均有自我表现的机会

续表

活动环节	活动过程	设计理念
结束部分	五、评价诗歌，户外体验 1. 评价诗歌 教师导语：你们喜欢蝴蝶和小草吗？喜欢这首诗歌中的哪一句？如果给这首诗歌起个名字，你会起什么名字？为什么？你们起的名字都很好听，这首诗歌的名字叫《蝴蝶花》 实施要点：教师把幼儿所起的名字都写在白板上，然后通过投票的方式选出大家最喜欢的名字，逐步培养幼儿的评价能力以及语言概括能力 2. 户外体验 教师导语：幼儿园里阳光灿烂，花朵正开放呢，我们一起去寻找蝴蝶花吧 实施要点：教师带领幼儿到户外观察各种花，感受花与蝴蝶的相似点，进一步感受诗歌的语言美，体验诗歌学习的乐趣	在诗歌评价与幼儿互评中提升幼儿的欣赏与评价的能力
活动延伸	家长带领幼儿到公园里寻找与观察蝴蝶，捕捉蝴蝶自由自在飞翔的照片，并发给老师； 组织一次《美丽的蝴蝶》的美术活动； 教师观察与记录幼儿日常生活中互帮互助的画面	
第二课时	

活动目标		能有感情地朗诵诗歌，进一步体验诗歌的优美意境； 大胆展开想象，进行创造性表达； 感受诗歌中蝴蝶与小草的情谊，萌发对大自然的热爱
活动重难点	重点	能有感情地朗诵诗歌
	难点	进行创造性表达，感受诗歌中蝴蝶与小草的情谊
活动准备	知识经验	会画简单的蝴蝶； 知道不同形态的蝴蝶
	材料准备	将幼儿所拍的蝴蝶照片做成幻灯片； 教师将幼儿日常生活中互帮互助的画面拍下来，做成幻灯片； 背景音乐《梦花园抒情小调》； 诗歌的图谱若干份
	环境创设	在活动室墙面上展示幼儿与家长所拍的蝴蝶

续表

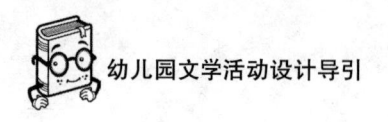

活动环节	活动过程	设计理念
开始部分	一、欣赏蝴蝶，回忆诗歌 教师导语：今天我们一起来欣赏一组蝴蝶的照片，这些照片都是咱们班的小朋友和爸爸妈妈一起拍的，这些照片中的蝴蝶一样吗？你们是在哪里拍的？还记得我们上次学过的一首与蝴蝶有关的诗歌吗？这首诗歌叫什么名字？ 实施要点：教师邀请小朋友介绍自己拍蝴蝶的过程，增强幼儿的自信心与成就感。在欣赏蝴蝶的过程，回忆诗歌的名字与内容	利用幼儿的摄影作品，更新幼儿已学的知识经验
基本部分	二、教师朗诵，再次感受诗歌 教师导语：我们再来听听这首美妙的诗歌《蝴蝶花》吧。（教师朗诵）小朋友们再次听了这首诗歌，又有什么样的感觉？和上次听的感觉一样吗？ 实施要点：教师配乐朗诵诗歌，幼儿再次感受诗歌意境	配乐朗诵，与幼儿再次感受的语言美、意境美
	三、操作游戏，回忆诗歌内容 1. 操作游戏 教师导语：老师手里有5张图片，上面画的是诗歌的内容，可是老师不小心把图片的顺序弄乱了，你们可以帮老师将图片按照诗歌的内容重新排序吗？ 实施要点：教师把幼儿分为若干小组，每组一份诗歌图谱，幼儿将图谱按顺序排好后，小组内自由朗诵儿歌，教师在巡回观察中进行指导 2. 回忆诗歌内容 教师导语：现在老师请个别小组上来分享他们排好的图谱，并说一说为什么这么排 实施要点：教师鼓励幼儿在分享中尝试朗诵诗歌	在宽松愉快的排序游戏氛围中，幼儿与同伴共同回顾诗歌内容
	四、师幼朗诵 1. 师幼共同朗诵 教师导语：现在请小朋友听着音乐，看着图谱的提示，和老师一起来朗诵这首诗歌吧，注意小草的情绪变化哦 实施要点：教师指示图谱，与幼儿共同朗诵。师幼朗诵，减轻幼儿的记忆负担，帮助幼儿回忆与熟悉诗歌内容，为后续的分角色朗诵、分段朗诵做铺垫	循序渐进的多种朗诵方式，帮助幼儿回顾和熟悉诗歌内容，同时也让幼儿保持朗诵的热情，在反复朗诵中，走进诗歌、感悟诗歌

续表

活动环节	活动过程	设计理念
基本部分	2. 分角色朗诵 教师导语：老师朗诵旁白部分，小朋友朗诵小草、蝴蝶和路人的对话，听听哪个小组的小朋友朗诵得最好听 实施要点：分角色朗诵可以分两个层次进行，第一次是教师朗诵旁白，幼儿集体朗诵角色对话，第二次是教师朗诵独白，幼儿分成三组，分别朗诵三个角色的对话。教师也可以邀请语言表达能力较强的幼儿朗诵旁白 3. 分段朗诵 实施要点：教师将幼儿分为3组，每组朗诵一节	
结束部分	五、感悟诗歌，创造性表达 1. 感悟诗歌 教师导语：你们喜欢花蝴蝶吗？为什么？你们认为这是一只什么样子的蝴蝶？小草喜欢和花蝴蝶在一起吗？它会对花蝴蝶说什么呢？它们在一起会做什么呢？你们可以在美术区里，将刚才所说的画面画下来 实施要点：教师鼓励幼儿结合生活经验，展开想象，畅所欲言，让幼儿在想象的世界里自由翱翔 2. 创性表达 教师导语：在我们班，也有像花蝴蝶一样友善热情的小朋友，××小朋友会主动帮不会叠被子的小朋友叠被子，××小朋友会帮老师收拾椅子……得到别人的帮助，我们会感到特别高兴，同时帮助了别人，我们也感到快乐 实施要点：教师播放幼儿幻灯片，与幼儿一起分享班里的感人画面。这既是对幼儿助人行为的鼓励和支持，也是一种正面引导	将诗歌的美好情感与幼儿的生活融合在一起，帮助幼儿领悟诗歌主题
活动延伸	家园共育：幼儿配上动作有感情地将诗歌朗诵给家长听； 　　　　　在家为爸爸妈妈做力所能及的事情 区域活动：在美工区投放蝴蝶图片与绘画工具； 　　　　　在阅读区投放诗歌图谱，幼儿自由排序与朗诵	

> **原文**

蝴蝶花

一只小小的花蝴蝶，
　自由自在地飞翔。
　　她飞过花园……
　有一棵小草哭得很悲伤。

　小草说："我没有花朵，
　　日子过得很孤单！"
　说着，眼泪掉在了泥土上。

　花蝴蝶往草尖上一站，说：
　　"让我来陪伴你，
　　日夜留在你的身旁！"

　人们经过花园，惊奇地说：
　　"啊，多么美丽的蝴蝶花！"
　　　阳光下，
　小草乐得轻轻地歌唱……

案例三：大班散文《秋天的雨》教学活动设计

活动名称	《秋天的雨》	适用年龄班	大班
设计意图	散文《秋天的雨》如诗如画，语言优美生动，想象丰富。该文运用拟人的艺术手法赋予秋天的雨以生命，以亲切的口吻，将秋雨带来的绚丽多彩的秋天完美地呈现在读者面前。散文以秋雨为线索，从视觉、嗅觉、听觉等多重感官调动幼儿已有的生活经验，帮助幼儿从不同的角度感受秋天的美，增进幼儿对秋天的认识，激发幼儿热爱大自然的情感		

续表

设计意图		大班幼儿具有较好的观察能力和想象能力，热衷于探索大自然的奥秘，对四季的变化有了初步的感知，喜欢不同的季节，对秋天的季节特征有了一定的认识和体验，但是对秋天的认识往往比较片面，局限于某一方面，描述秋天的词汇也不够丰富。随着年龄增长，生活经验日益丰富，幼儿对文学作品的理解更加深刻，有了模仿、创造的欲望《纲要》中明确指出要"引导幼儿接触优秀的儿童文学作品，使之感受语言的丰富和优美，并通过多种活动帮助幼儿加深对作品的体验和理解"。第一课时通过配乐朗诵帮助幼儿感受散文的意境美、语言美，在谈论秋天中梳理和提升对秋天的认识，分段理解与整体感知相结合，幼儿在"做"中学，在"做"中理解和运用散文中优美的词汇，萌发热爱大自然的情感。第二课时在轻松的游戏情境中，运用小组合作创编散文段落的方式，发挥幼儿的自主性和合作精神，加深幼儿对散文的理解与体验，在丰富文学语言的同时，提高幼儿的想象力和语言表达能力
教学课时数		2课时
	第一课时	
活动目标		倾听欣赏散文，感受秋雨给大地带来的变化，体验散文的语言美与意境美； 能主动大方地讲述自己所认识的秋天，初步理解与运用散文中优美的词汇，能有感情地跟读散文； 热爱并懂得保护大自然，感受秋天丰收的快乐
活动重难点	重点	体验散文的语言美与意境美
	难点	初步理解与运用散文中优美的词汇，能有感情地跟读散文
活动准备	知识经验	家长与幼儿一起到超市或者农庄等，观察与寻找秋天的水果、蔬菜；与父母一起完成秋天季节变化的调查表
	材料准备	《秋天的雨》组图； 轻音乐《秋》； 音频"各种雨声"； 水果（柚子、橘子、柿子等）若干； 动物图片； 相应颜色和花卉的卡片
	环境创设	在教室的天花板挂"小雨滴"的卡片；活动区域内放置雨衣、雨鞋等物品

续表

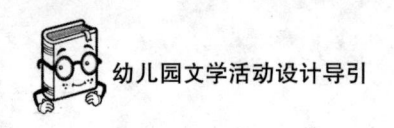

活动环节	活动过程	设计理念
开始部分	一、听辨雨声 教师导语：今天老师带来了一个小谜语，你们猜猜是什么：千条线，万条线，落到水里看不见。原来是雨，请小朋友再仔细地听听，这是什么雨声？是哪个季节的雨声呢？秋天的雨是什么声音？ 实施要点：教师先后播放不同季节、不同大小的雨声，引导幼儿用心感受雨声的变化与不同，并尝试用已学的词汇进行描述	从猜雨到听雨，逐步导入秋雨的特点
基本部分	二、谈论秋天 教师导语：秋天悄悄地来到了我们身边，你发现了吗？你是怎么发现的？请小朋友们用句子"秋天到了，我发现……"来说一说 实施要点：教师引导幼儿将自己的发现大胆地讲述出来，教师一边聆听一边将幼儿的回答分类写在白板上，例如"树木花草的变化""动物的变化""天气的变化""成熟的水果蔬菜"等，帮助幼儿梳理已有的知识经验，同时为理解散文做铺垫	调动幼儿关于秋天的生活经验，为散文的学习埋下伏笔
	三、听赏散文 教师导语：秋天到来的变化都被细心的你们发现了，在秋高气爽的秋天，老师还发现了一首非常优美的散文，散文的名字就叫《秋天的雨》，我们一起来听一听、看一看 实施要点：教师播放背景轻音乐《秋》，用舒缓、轻快的语调有感情地朗诵散文，配合着播放与散文内容相应的图片。需要注意的是，教师在选择图片时，应选择内容吻合度较高、意境优美、清晰度高的图片，以烘托出散文优美的意境，使幼儿有身临其境的感觉	教师朗诵语调、语气与音乐、图片相呼应，完美地营造出散文优美的意境
	四、理解散文 1. 理解散文第一段 教师导语：秋天的雨是怎么唱歌的？为什么说秋天的雨是一把钥匙呢？秋天的雨渐渐沥沥地下，脚步很轻很温柔，伴着秋风，让人觉得很清凉，秋雨过后，天气逐渐转凉了，大自然的景色也发生了变化，所以说秋雨就是一把钥匙，打开了秋天的门，秋雨给大地带来了哪些变化呢？我们再来听听	散文篇幅较长，采用整体感知与分段理解相结合的方式，帮助幼儿理解散文中新的词汇与句式，感知散文中各个画面的内容。

续表

活动环节	活动过程	设计理念
基本部分	实施要点：教师出示雨后的秋景图，再次朗诵散文第一段，重点帮助幼儿理解"秋天的雨是一把钥匙"，这是统领全文的关键之笔 2. 理解散文第二段 教师导语：秋天的雨有一盒怎样的颜料？五彩缤纷是什么意思？五彩缤纷还可以形容什么呢？秋天的雨把这些好看的颜色都给了谁？请小朋友上来连一连，并用句子说一说"秋天的雨，把＿＿给了＿＿" 实施要点：教师出示多彩秋天的图片，再次朗诵散文第二段，幼儿理解并尝试运用词汇"五彩缤纷"。教师提供相应颜色和花卉的卡片，邀请幼儿根据散文内容连一连，帮助幼儿在操作中理解 3. 理解散文第三段 教师导语：你闻到秋天的气味了吗？有什么气味？甜甜的菠萝、香香的梨子，秋天是一个收获的季节，秋天里成熟的水果还有很多呢，今天老师也带来了一些，请你们上来闻闻，也用一个"××的"词来形容 实施要点：教师出示相应的图片或者播放视频，再次朗诵散文第三段。教师把带来的水果（柚子、橘子、柿子等）摆放在桌子上，请幼儿上来闻一闻（或尝一尝），说一说，学习运用 AAB 型形容词 教师导语：小朋友的脚常被烤番薯、糖炒栗子的香味勾住，"勾住"是什么意思？为什么会被勾住呢？请小朋友做一做脚被勾住的样子，你觉得还可以用什么词？ 实施要点：教师与幼儿一起做一做脚被勾住的样子，引导幼儿调动已有的词汇，尝试运用相近词汇进行描述，例如"吸引""牵引""迷住""诱惑"等 4. 理解散文第四段 教师导语：秋天的雨还有什么？它想用这只金色的小喇叭告诉大家什么？天气变得凉飕飕的，人们都换上了保暖的衣服了，小动物又在忙着做什么呢？过冬要准备什么？有哪些动物是要冬眠的呢？请小朋友上来选一选 实施要点：教师出示相应的图片或者播放视频，再次朗诵散文第四段。教师呈现动物的图片（青蛙、松鼠、老虎、蛇、蚂蚁、刺猬、乌龟等），幼儿谈谈秋天里动物要准备什么过冬，并从这些动物里挑选出需要冬眠的动物，拓宽幼儿的知识面	根据段落内容的不同，采用不同的方法，保持幼儿学习散文的兴趣与积极性

续表

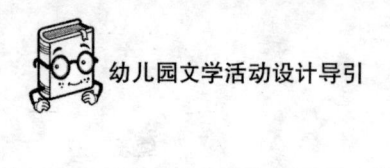

活动环节	活动过程	设计理念
基本部分	5. 理解散文后两段 教师导语：为什么说秋天的雨带给大地的是一曲丰收的歌，带给小朋友的是一首快乐的歌呢？在秋高气爽的秋天里，你们会玩什么游戏呢？你会想到哪一首快乐的歌？我们一起来哼唱 实施要点：教师再次朗诵散文最后两段，与幼儿一起讨论秋天的收成与快乐的事，当然也可以哼唱大家喜欢的熟悉的歌曲，营造愉快的气氛	根据段落内容的不同，采用不同的方法，保持幼儿学习散文的兴趣与积极性
基本部分	五、朗诵散文 1. 再次完整欣赏散文 教师导语：秋天的雨是一把钥匙，打开了秋天的门，给大地带来了万紫千红、给人们带来了丰硕的收成，也提醒我们及时添衣，提醒小动物们要准备过冬啦，我们一起来再欣赏一次 实施要点：教师播放散文的视频或者音频配幻灯片，幼儿理解散文内容后再次听赏，会产生不同的感受 2. 朗诵散文 教师导语：这篇散文的题目是什么？你喜欢这篇散文吗？最喜欢哪一段？为什么？我们一起来朗诵大家最喜欢的这几段吧 实施要点：在多次听赏散文后，幼儿对散文产生了初步的评价，教师鼓励幼儿大胆讲述自己的看法，必要时教师也可以做示范。在幼儿分享评价后，教师选择幼儿最喜欢的2～3段散文，师幼共同配乐朗诵	完整朗诵散文，将散文各个画面的内容联系在一起，从而把握散文内在的情感。选择优美段落朗诵，可提高幼儿参与朗诵的兴致
结束部分	六、升华主题 1. 升华主题 教师导语：大自然是非常神奇美妙的，一年四季风景各异，一场秋雨就给我们绘画一副五彩斑斓的秋天，带来了香气扑鼻的美食，还给大自然穿上美丽的衣裳。我们在享受着大自然美景的同时，也要注意保护环境 2. 分享水果 教师导语：秋天是什么味道的，还是要我们自己亲自尝尝，现在我们一起来分享这些香香甜甜的水果吧，感受秋天丰收的甜蜜 实施要点：教师把带来的水果洗净切块，与幼儿一起分享，品尝水果的过程也是幼儿进一步体验散文内容的过程	将散文的间接经验与幼儿的直接经验相结合，在分享水果中体验散文中丰收的快乐

续表

活动环节	活动过程	设计理念
活动延伸	家园共育：下雨天，家长与幼儿穿上雨衣雨鞋到户外感受秋雨； 　　　　　幼儿尝试将自己喜欢的散文段落朗诵给家长听 区域活动：在绘画区展示一些秋景图，准备水彩颜料，幼儿自由绘画自己眼中的秋天； 　　　　　在语言区投放相关的图画书，如《下雨天》等 开展一次主题为《多彩的秋天》的绘画活动； 开展一次主题为《冬眠的动物》科学活动	

第二课时

活动目标	进一步理解散文，能独立朗诵自己喜欢的段落，理解与学习排比句式"把×色给了××，把×色给了××，把×色给了××"； 根据对秋天的认识，尝试用排比句创编散文段落； 体验合作创编的快乐与成就感		
活动重难点	重点	理解与学习排比句式"把×色给了××，把×色给了××，把×色给了××"	
	难点	尝试用排比句创编散文段落	
活动准备	知识经验	对秋天里的植物（花卉、水果、树木）有一定的了解	
	材料准备	《秋天的雨》组图； 轻音乐《秋》； 一首欢快的歌； 幻灯片； 植物的素色图若干张	
	环境创设	将幼儿的绘画作品《多彩的秋天》粘贴在作品展示墙上	

活动环节	活动过程	设计理念
开始部分	一、欣赏与讨论作品 教师导语：还记得上一次的美术活动中，你们画的《多彩的秋天》吗？我们一起去找找自己的作品，在你的作品中，画了哪些景物？它们是什么颜色的？秋天是五彩缤纷的，秋雨过后，大地换上了新装，你们还记得这篇散文吗？它的题目是什么？ 实施要点：教师把幼儿带到作品展示墙前，与幼儿共同欣赏与讨论，教师与幼儿、幼儿与幼儿之间可以自由交流讨论，目的是引导幼儿欣赏自己以及同伴的作品，发现五彩斑斓的秋天	作品学习与环境相互渗透，在与环境的互动中导入主题

续表

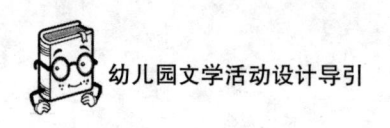

活动环节	活动过程	设计理念
基本部分	二、回顾与朗诵散文 1. 回顾散文 教师导语：我们再来欣赏一次这篇散文吧，以你舒适的姿势来听赏 实施要点：教师可以选择自己配乐朗诵，也可以播放散文视频或者音频 2. 朗诵散文 教师导语：今天再次听到这篇散文，你有什么不同的感觉？现在你能尝试朗诵自己喜欢的那一段吗？ 实施要点：教师鼓励幼儿尝试独立朗诵自己喜欢的段落，教师给予图片、动作等提示。幼儿朗诵可以帮助其更好地感受散文的意境，对内容的理解更进一层	幼儿朗诵可使其更好地理解内容
	三、发现与学习句式 1. 教师朗诵散文 教师导语：现在请小朋友仔细听老师朗诵散文的第二段，听听这一段和散文其他段落有什么不同，看看哪个小朋友听得最认真 实施要点：教师朗诵散文第二段，排比句中重复出现的词汇"给了"可以用重音读出，给予幼儿提示 2. 发现与学习句式 教师导语：你发现这一段散文有什么特别的地方？很多小朋友都发现了，这一段中有一个句式重复出现了很多次，就是"把×色给了××"，这样的句子叫作排比句。秋天的雨还会把美丽的颜色给谁呢？用这个句子"把×色给了××"来说一说。把你们刚才所编的句子拼接在一起，就是一个排比句了 实施要点：如果幼儿难以发现句式，教师可以把排比句再朗诵一次。经过活动前的户外游玩、绘画活动，幼儿已经积累了关于秋天的较为丰富的经验，教师鼓励幼儿调动已有的经验，并尝试用句式进行讲述，最后教师把幼儿编的句子连在一起，帮助幼儿再次感知排比句的特点，为下一步的创编段落打下基础	排比句的感知是幼儿修辞手法学习的内容之一

续表

活动环节	活动过程	设计理念
基本部分	四、创设游戏情境，合作创编段落 1. 创设游戏情境 教师导语：秋天的雨把五颜六色给了花草、树木、果蔬，把大自然装扮得像花园，可是森林里有一个巫婆，她会变魔术，她轻轻地挥动魔术棒，花园里所有的颜色都不见了，全部变成了白色，秋雨很着急，你们可以帮忙把颜色找回来吗？ 实施要点：教师应结合幻灯片创设游戏情境，将幼儿带入游戏情境中，引发幼儿创编的兴趣 2. 合作创编 教师导语：老师把森林里的植物都拍了下来，每个小组一张不同的照片（图片），3个小朋友一组，你们先商量这些是什么植物，它们在秋天里是什么颜色的，然后用蜡笔给它们上色，并用刚才我们学的排比句子，尝试用"它把×色给了××，把×色给了××，把×色给了××"编一编、说一说 实施要点：教师提供给幼儿创编的图片尽可能大一些，便于2～3个小朋友共同上色。教师巡视，适时参与幼儿的讨论，提醒幼儿一边上色一边用句式说一说	创编散文段落有一定的难度，游戏情境可以吸引幼儿参与创编的挑战，在涂涂画画中，与同伴共同讨论
	五、分享创编成果 教师导语：花园里的颜色能不能变回来呢？你们能解决秋雨的问题吗？现在请每个小组的小朋友拿着你们的图片上来分享，注意要用刚才我们学的排比句来描述哦……我们尝试在排比句前加上这句"秋天的雨，有一盒五彩缤纷的颜料"，创编一个新的散文段落 实施要点：每个小组轮流分享，在第一个小组分享后，教师在幼儿仿编的句子前加上"秋天的雨，有一盒五彩缤纷的颜料"，将幼儿仿编的排比句创编成一个新的散文段落，一方面帮助幼儿体验创编的成就感，另一方面为后面分享的小组做示范	幼儿在分享创编成果中进一步感知排比句的特点

续表

活动环节	活动过程	设计理念
结束部分	六、结束活动 教师导语：你们不仅帮助秋雨解决了问题，还创编了这么多优美的散文段落，你们这么厉害，这个巫婆以后都不敢来啦。让我们和秋雨一起唱一首快乐的歌吧 实施要点：教师播放音乐，与幼儿边唱边跳 教师导语：美丽的秋天不仅在这篇散文里，还在我们的幼儿园里，我们一起去户外寻找秋天吧 实施要点：在户外活动时间，教师带领幼儿一起寻找秋天的足迹，可以用散文中的句子进行描述	将文学作品学习延伸到户外活动中，幼儿在大自然中深化对作品的理解
活动延伸	家园共育：将自己仿编的散文段落朗诵给家长听 区域活动：在语言区投放秋天的拼图，幼儿在拼图中讲述，加深对秋天的理解； 将小组合作上色的图片投放在语言区，幼儿自由创编朗诵	

原文

秋天的雨

秋天的雨，滴答滴答地唱着歌。它是一把钥匙，带着清凉和温柔，悄悄地打开了秋天的门。

秋天的雨，有一盒五彩缤纷的颜料。它把黄色给了银杏，红色给了枫树，金黄色给了田野，橙红色给了水果，紫红的、淡黄的、雪白的都给了菊花仙子。

秋天的雨，有非常好闻的气味。不信啊，你闻，菠萝甜甜的，梨子香香的，小雨滴迎来了许多香味，烤番薯、糖炒栗子……小朋友的脚呀，常被那香味勾住。

秋天的雨，有一支金色的小喇叭，它告诉大家，穿上厚厚的、亮亮的衣裳。落叶树的树叶飘呀飘，飘到大树妈妈的脚下，小动物准备过冬了。

秋天的雨，带给大地的是一曲丰收的歌，带给小朋友的是一首快乐的歌。

秋天的雨，滴答滴答地唱着歌……

案例四：大班童话故事《城里来了大恐龙》教学活动设计

活动名称	《城里来了大恐龙》	适用年龄班	大班
设计意图	童话故事立意新颖，想象丰富，内容虽有惊险，但洋溢着温情。这个故事运用拟人的艺术手法成功塑造了一个可爱憨厚的大恐龙形象，紧扣题目，以恐龙在城里的行踪展开叙述，线索单一清晰，情节曲折生动，符合幼儿的认知特点。大恐龙因为又重又大的身体，在无意间给城里的人带来了危险，同时也发挥了庞大身体的好处，为城里做了好事，城里的人对大恐龙闯祸的包容和对其的赞赏是令人欣喜的，既体现了人与动物和谐共处的美好愿望，也暗示着幼儿要热爱自己的城市，并为城市做一些力所能及的事情 随着幼儿阅读量的增大，大部分大班幼儿对恐龙兴趣甚浓，尤其是男孩子，他们喜欢讨论恐龙生活的环境、恐龙的种类和恐龙的特征等，在家里也有不少恐龙的书籍和模型，这为故事的学习积累了一定的知识经验。续编故事是幼儿语言发展中的一个难点，幼儿续编故事的能力是建立在幼儿丰富的知识储备、深入理解故事内容以及丰富的想象力和创造力的基础上的 《指南》指出，大班幼儿在语言教育活动中应"能根据故事的部分情节或图书画面的线索猜想故事情节的发展，或续编、创编故事"。本次活动先设置悬念，引发幼儿的猜想，鼓励幼儿大胆猜测故事的发展情节，并在师幼讨论、同伴合作建构等方式中初步理解故事内容，领悟故事中人与动物和谐共处的主题。教师利用绘画、续编故事、迁移生活经验等方式，帮助幼儿进一步理解故事，在加深对恐龙世界认识的同时，萌发幼儿爱城市、爱家乡的情感，发展幼儿的发散性思维，提高其环保意识		
教学课时数	2课时		
第一课时			
活动目标	观察与了解大恐龙的外貌特征，理解恐龙给城市带来的危险与便利； 大胆地猜想故事情节发展，用合作建构的方式加深对故事的理解； 善于发现故事发展的线索，萌发关爱动物的情感		
活动重难点	重点	善于发现故事发展的线索，大胆地猜想故事情节发展	
	难点	用合作建构的方式加深对故事的理解	
活动准备	知识经验	对恐龙的特征有一定的了解； 与家长观察城市里的立交桥，了解立交桥的作用，并把它拍下来或者画下来	
	材料准备	故事的幻灯片； 大恐龙的图片； 不同类型的积木若干	
	环境创设	教师与幼儿共同收集恐龙的图片、模具，将活动室的一角布置成"恐龙展览"	

续表

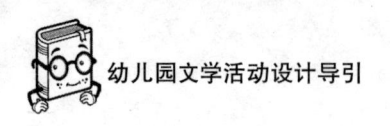

活动环节	活动过程	设计理念
开始部分	一、情境导入 教师导语：小朋友们，你们知道吗？小猪佩奇的城市里来了一个稀奇的客人——大恐龙，大恐龙来到了城里，城里的人感到大恐龙给他们带来了危险，你们猜猜，大恐龙给他们带来了什么危险？ 实施要点：教师利用动画人物佩奇，创设故事情境，引发幼儿的猜想，教师应给予幼儿较为充裕的时间，鼓励幼儿大胆地猜想	创设故事情境导入，引发幼儿对故事情节的猜想
基本部分	二、讲述前两段故事 教师导语：我们先来听听《城里来了大恐龙》这个故事，一边安静地倾听，一边想想恐龙给城里带来了什么危险？是不是和你猜想的一样呢？ 实施要点：教师播放故事幻灯片，运用恰当的体态语生动地讲述故事内容，将笨重又憨厚的大恐龙形象表现出来	帮助幼儿初步感知恐龙的形象特点
	三、讨论故事内容 1.说一说大恐龙带来的危险 教师导语：大恐龙去了城里的哪些地方？它走在马路上，道路发生了什么状况？它走在铁路上，铁路有什么反应？它最后走进了胡同，又闯了什么祸？ 实施要点：教师呈现故事的图片，与幼儿共同讨论大恐龙给城里带来的危险，熟悉故事的前两段内容 2.学一学大恐龙的样子 教师导语：为什么大恐龙走在马路上会阻塞交通呢？为什么它走在铁路上，铁路会"吱哩吱哩"直响呢？为什么它会把人家的屋顶掀翻呢？原来大恐龙的身体太大了、太重了，脖子太长了，你了解恐龙吗？让我们一起仔细观察恐龙的外貌特征，你可以学一学恐龙走在马路上的样子吗？恐龙是怎么把脖子伸进窗户里的？我们一起来学一学 实施要点：教师单独出示大恐龙的图片，与幼儿共同观察恐龙的样子，总结外貌特征，了解大恐龙给城里带来危险的原因，并鼓励幼儿用夸张的动作模仿大恐龙的样子，增进对故事的理解	图片是最为直观的媒介，教师依次呈现能够反映文学作品内容的图片，对幼儿理解作品内容有很好的辅助作用

续表

活动环节	活动过程	设计理念
基本部分	四、理解后半段故事 1.猜想故事的发展 教师导语：恐龙给城里带来了危险，它是故意的吗？它心里觉得怎么样？你觉得恐龙可以为城里的人做点好事吗？它可以做什么？我们接着听这个有趣的故事 实施要点：教师提示幼儿根据恐龙的身体特征猜想故事后续的发展情节，对幼儿大胆的想象与表达给予肯定与鼓励后，讲述故事后半段的内容 2．理解故事内容 教师导语：大恐龙变成了什么？它是怎么变成一座立交桥的？汽车和人是怎么通过这座特别的立交桥的呢？恐龙睁大眼睛，发现自己还有这么大的用处时，它心里是怎么想的？城市的马路畅通了，城里的人都怎么说？ 实施要点：师幼讨论的重点是帮助幼儿理解恐龙变成立交桥后的心情变化，以及给城里带来的便利	教师通过提问，引导幼儿想象与思考，帮助幼儿理解作品的主要情节，提问的类型多样化，以开放性提问为主
	五、游戏：搭建立交桥 教师导语：大恐龙立交桥长什么样子的呢？你们见过吗？能不能用积木搭建一座大恐龙立交桥呢？把你们搭建好的立交桥摆放在前面的桌子上 实施要点：教师把幼儿分成若干组，一组3～4人，给每个小组分发一定数量的积木，幼儿合作搭建一座立交桥。教师巡视，提醒每个幼儿都要参与小组的搭建活动，分工合作，适时指导	在操作游戏中认识立交桥的作用，培养幼儿的团队协作能力
结束部分	六、升华主题，布置续编任务 1．教师导语：大恐龙喜欢小猪佩奇的这座城市吗？你从哪里看出来的呢？城里的人喜欢大恐龙吗？为什么这么说？大恐龙因为身体的原因给城里带来了危险，它觉得非常难过，因为躺在十字路口，意外地成了城里的立交桥，解决了马路拥挤的问题后，大恐龙高兴地觉得自己应该为城里人多做点好事，因为它喜欢这个地方。城里的人也懂得关心和疼爱大恐龙，小朋友给它喂草，大卡车、面包车、小汽车只能从恐龙身下开过去，不会把它弄疼，城里人与大恐龙友爱和善，相互帮助，和谐共处 实施要点：教师引导幼儿善于从故事中寻找线索，如"它觉得这个地方比它以前到过的任何地方都热闹""大恐龙心里难过极了""它带着许多小朋友在马路上撒青草""大恐龙觉得自己应该为城里人多做点事"……从中挖掘故事的主题	故事中隐含的细节往往是揭示主题的关键，教师应引导幼儿善于阅读与发现

续表

活动环节	活动过程	设计理念
结束部分	2.布置续编任务 教师导语：大恐龙立交桥为城市带来了很大的便利，你觉得大恐龙还能为城里做些什么事呢？今天回家和爸爸妈妈说一说，下次告诉老师，好吗？	故事中隐含的细节往往是揭示主题的关键，教师应引导幼儿善于阅读与发现
活动延伸	家园共育：幼儿向家长讲述故事《城里来了大恐龙》，尝试续编故事； 　　　　家长利用周末时间与幼儿参观市展览馆，使其对自己所在的城市有一定的了解 区域活动：在美术区投放各种类型恐龙的图片、模型，幼儿绘画恐龙及故事情节；在语言区投放与恐龙相关的图画书；将幼儿搭建的立交桥展示在建构区，幼儿在区域活动时间可以继续完善 其他活动：开展一次主题为《我们的城市》的谈话活动；开展一次主题为《恐龙的灭绝》的科学活动	

第二课时

活动目标	展开想象，续编故事内容，并用绘画的形式进行表达； 增进对自己城市的了解，发散思维，为城市的问题出谋划策； 增强环保意识，萌发爱城市爱家乡的情感		
活动重难点	重点	展开想象，续编故事内容	
	难点	发散思维，为城市的问题出谋划策	
活动准备	知识经验	对自己所在的城市有所了解； 知道自己所熟悉或所喜欢的恐龙的特征	
	材料准备	故事的动画片； 城市的地图图片； 绘画工具； 麦克风、摄像机模型	
	环境创设	教师与幼儿共同收集恐龙的图片、模具，将活动室的一角布置成"恐龙展览"	

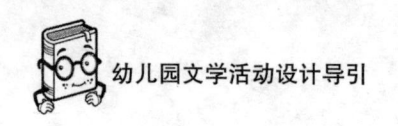

活动环节	活动过程	设计理念
开始部分	一、谈话导入 教师导语：小朋友们，回家有没有把《城里来了大恐龙》的故事讲给爸爸妈妈听呀？他们喜欢这个大恐龙吗？为什么？你还认识哪些恐龙？它们有哪些特点？ 实施要点：教师调动幼儿的知识经验，与幼儿自由谈话导入	给幼儿创设倾听与交谈的机会
活动环节	活动过程	设计理念

续表

活动环节	活动过程	设计理念
	二、完整欣赏故事 1. 教师导语：我们再来听听这个故事，一边听，一边想一想大恐龙还能为城里做点什么事情呢？ 实施要点：教师完整地播放故事动画片，与幼儿再次共同欣赏故事内容 2. 教师导语：第二次听这个故事，和第一次听有什么不同的感觉吗？你对故事中哪个部分印象最深刻？	不同的作品呈现方式可以给幼儿带来不同的想象与感受
基本部分	三、续编故事 1. 绘画续编故事 教师导语：城市里还有什么地方？大恐龙还会去城市的哪些地方呢？它还能为城里做点什么事？城里人都特别期待恐龙能给他们带来惊喜，现在你是一名小记者，来向城里人报道恐龙的行踪吧……你们的想法都很棒，请你试着把你刚才续编的故事画下来 实施要点：教师呈现某城市的地图，与幼儿共同观察，通过提问引发幼儿的想象与思考，邀请几位幼儿分享自己的想法，分发绘画工具，鼓励幼儿将自己的想法画出来 2. 分享续编故事 教师导语：现在请小记者们拿着你关于恐龙行踪的绘画作品，与你旁边的小伙伴相互报道你续编的故事，听听别人编的故事与你的有什么不同……哪位小记者愿意上来报道你的故事呢？ 实施要点：在绘画作品完成后，教师要求幼儿先与同伴相互讲述，在这个过程中，教师注意观察与发现幼儿的语言表达能力，鼓励不敢说、不善于说的幼儿大方自信地表现自己。在分享环节，教师给幼儿提供麦克风，教师拿着摄像机道具进行录播，增强幼儿表达的欲望，另外，教师可以邀请语言表达能力较强的幼儿先分享，为幼儿做榜样示范，同时也要给予能力较弱的幼儿锻炼的机会	"小记者"角色与道具的使用，可以激发幼儿语言表达的欲望，具体可感的绘画作品又提高了幼儿语言表达的自信心
	四、迁移生活经验 1. 教师导语：你喜欢这位大恐龙吗？为什么？你觉得它是一个怎么样的恐龙？如果大恐龙来到了我们的城市，你会怎么招待大恐龙呢？	在充分理解作品的基础上，迁移作品经验，为自己的城市出谋划策就水到渠成了，难点得以突破
活动环节	活动过程	设计理念

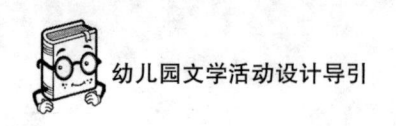

续表

基本部分	实施要点：教师呈现幼儿所在城市的地图，与幼儿从衣食住行等方面讨论招待恐龙的方式方法，引导幼儿懂得根据动物的特性照顾动物，萌发幼儿关爱动物的情感 2.教师导语：大恐龙非常喜欢它来到的这座城市，你喜欢你的城市吗？为什么？你认为你的城市有哪些需要解决的麻烦呢？如果你是一只大恐龙，你想为你的城市做点什么呢？ 实施要点：教师鼓励幼儿依据对恐龙的认识，根据不同恐龙的特征，大胆想象与表达，为后续的情感升华埋下伏笔	在充分理解作品的基础上，迁移作品经验，为自己的城市出谋划策就水到渠成了，难点得以突破
结束部分	五、升华主题，进行游戏 1.升华主题 教师导语：城市的发展给我们带来了很多便利，四通八达的道路解决我们出行的问题，高耸林立的楼房解决了我们的居住难题，繁华热闹的街道、园林式的公园、学校……都是我们优质生活的保障，但是城市的发展也造成了一些问题，如空气污染、噪声污染、水污染等，我们生活在这个城市，应该要保护城市的环境，为城市做一些力所能及的事情 实施要点：教师在总结时应结合相应的图片，帮助幼儿进一步认识城市存在的问题，增强环保意识，萌发幼儿爱城市、爱家乡的情感 2.进行游戏 教师导语：大恐龙立交桥解决了城里的交通问题，我们的城市里也建造了很多了不起的立交桥，现在我们一起来玩《伦敦桥要倒了》的音乐游戏 实施要点：教师交代游戏的规则与玩法，与幼儿共同听音乐玩游戏，在轻松愉快的氛围中结束活动	运用幼儿能够理解的方式，萌发幼儿爱城市、爱家乡的情感
活动延伸	家园共育：在生活中，家长与幼儿共同做环境保护的执行者，养成爱护环境的意识和习惯，做到不乱丢垃圾、不浪费水资源等； 　　　　　家长与幼儿到动物园参观，了解更多动物的特征 区域活动：在科学区展示恐龙的模型及其介绍； 　　　　　在建构区投放城市的地图，幼儿自由建构城市或城市里的建筑物 环境创设：将幼儿续编故事的绘画作品粘贴在展示区	

原文

城里来了大恐龙

大恐龙来到了城里,它觉得这个地方比它以前到过的任何地方都热闹。

大恐龙"啪嗒啪嗒"地走在马路上,可是它的身体太大,交通被堵塞了,汽车排起了长队,响起了喇叭声。

大恐龙"啪嗒啪嗒"地走在铁路上,它的身体太重了,铁路被踩的"吱哩吱哩"直响,火车被震得跳起了舞。

大恐龙"啪嗒啪嗒"地走进胡同里,它闻到人家厨房里飘出来的阵阵香味,忍不住把头伸进窗户。可是大恐龙的脖子太长,把人家的房顶都掀翻了。大恐龙心里难过极了,城里的人感到大恐龙给他们带来了危险。

这时,一个孩子说:"大恐龙走了许多路一定是饿了。"他带着许多小朋友在马路上撒青草。大恐龙沿着这条青草路边吃边走,吃饱了就在十字路口打起了瞌睡。

马路口被堵住了,汽车从大恐龙的身上、身下开过,它变成了一座立交桥。大恐龙觉得身上痒痒的,睁开眼睛一看。想不到自己还有这么大的用处呢!大恐龙觉得自己应该为城里人多做点事,因为它是多么喜欢这个地方啊!

一辆辆大卡车、面包车、小汽车从大恐龙身下开过去,一辆辆自行车、摩托车、三轮车从大恐龙身上骑过去,一群群大人、小孩从大恐龙身上走过……城市的马路畅通了,大家都说,大恐龙立交桥真好!

参 考 文 献

[1] 周兢. 幼儿园语言教育活动设计与组织［M］. 北京：人民教育出版社，1996.

[2] 邹敏. 幼儿园语言教育理论与实践［M］. 北京：化学工业出版社，2014.

[3] 张明红. 学前儿童语言教育［M］. 上海：华东师范大学出版社，2001.

[4] 朱海琳. 学前儿童语言教育［M］. 北京：科学出版社，2009.

[5] 余珍有. 幼儿园语言领域教育精要——关键经验与活动指导［M］. 北京：教育科学出版社，2015.

[6] 车轶，刘昕. 幼儿园语言教育资源：文学作品分析［M］. 天津：天津大学出版社，2016.

[7] 方卫平，王昆建. 儿童文学教程［M］. 北京：高等教育出版社，2004.

[8] 吕明. 幼儿文学作品赏析与写作指导［M］. 上海：复旦大学出版社，2014.

[9] 郭咏梅. 幼儿园优秀语言活动设计70例［M］. 北京：中国轻工业出版社，2015.

[10] 洪妍娜. 幼儿文学选本出版的观察与思考——以4部幼儿文学经典选本为例［J］. 中国出版，2017（19）：26-29.

[11] 郭咏梅. 支架幼儿语言学习："图谱支架"在幼儿园文学教育活动中的运用［J］. 当代教育论坛，2015（4）：110-114.

[12] 王昆建. 幼儿园教材选用文学作品的现状与改进建议［J］. 学前教育研究，2010（12）：48-50.

[13] 朱自强. 幼儿文学：学前教育的珍贵资源［J］. 学前教育研究，2010（1）：11-15.

[14] 吴婕. "接受美学"视域下幼儿园文学活动的特点及实施策略［J］. 陕西学前师范学院学报，2017，33（1）：34-38.

[15] 方卫平. "玩"的文学：幼儿文学的游戏性［J］. 学前教育研究，2012（6）：3-7.